高校生からわかる

政治のしくみと議員のしごと

編集・執筆
山田健太
三木由希子

執筆
池田雅子
大林啓吾
河﨑健一郎
野口武悟
水上貴央

TRANSVIEW
トランスビュー

まえがき

政治が問われています。それは政治家のありようが問われているということでもありますが、同時に、彼らに日本の行く末を委《ゆだ》ねることにした私たち自身が問われているともいえます。

では、いったい、私たちは何を彼らに求めているのでしょうか。もちろん、いまの時代、少しでもよい生活ができるようにしてほしいというのは、多くの人たちの切実な願いです。あるいは、自分の町に立派な橋を作ってほしいというのも、とてもわかりやすい「議員先生」へのお願い事です。

しかし一方で、選挙のたびに発表される各政党や候補者の「公約」なるものを、多少なりとも気にしながら投票している人も、少なくないと思います。でも、その「議員の公約・政策」や「政党マニフェスト」の善《よ》し悪《あ》し、ひいては政党や議員の立ち位置を、私たち市民がチェックできる基準が、どうもはっきりしていないような気がしてなりません。

過去の選挙を振り返ると、例えば郵政選挙や政権選択選挙など、選挙によって何かを確実に私たちは選択しているのですが、個別の政策の是非や政党の選択を超えた、これからの社会像の選択ができていなかったのではないでしょうか。

そこで私たちはまず、日本の社会の仕組みを知り、政治選択に深くかかわる事柄について、しっかり理解することが大切だと考えました。

そのためには扱うテーマも、政治・経済・社会の各分野を万遍なく広く網羅し、「いま」問題になっている事象を、それぞれ個人が考え判断できるための材料を、できる限りわかりやすく解説しました。しかも、現在、私たちの社会が抱えている問題の根幹がどこにあるのかということにも、可能な限り触れたつもりです。

具体的には、ページの左端を見ていただくと分かるとおり、①憲法②人権③社会保障④財政⑤安全保障⑥教育⑦政治と議会の7分野で、それぞれ10問前後のQ＆Aから構成されています。そしてこれらの考え方の中核として、国を縛るための基本ルールである「憲法」を、冒頭に据えることとしました。

本書を、多くの皆さん、とりわけ若い世代の皆さんの手にとっていただき、政党や議員がどういう社会像をめざしているのかを判断し、候補者を選ぶ際の参考にしてほしいと思います。それは同時に、日常的に、世の中のことを手軽に知りたいときの「手がかり」として使えるものでもあると思っています。

ここには、日常のテレビや新聞、ネットではすぐに得られそうで得られない、貴重な判断材料がつまっています。ニュースを見聞きしていて、ちょっとヘンだなと思ったり、日常の生活や仕事でギモンを感じたら、本書を手にとってほしいと思います。政治家の発言をチェックしてほしいと思います。あわせて、政治家の皆さんには、是非とも立候補前に一読いただき、こんなことは知っていて当たり前、と言っていただければ幸いです。

最後に。本書は79のQ&Aからできています。そして80番目のQは、皆さん自身に作っていただきたいと思っています。いまあなたが一番疑問に思っていることは何ですか。それをあなたの周囲の方とよく話し合ってほしいと思います。そのために、きっとこの一冊は役に立つはずです。もう、よくわからない、知らなかったではすまされません。私たちは未来への責任を果たさなければなりません。そう、あなたも歴史の一部なのです。

二〇一三年五月二十日

著者一同

目次

1 憲法

2 人権

3 社会保障

4 財政

5 安全保障

6 教育

7 政治と議会

高校生からわかる

政治のしくみと議員のしごと

G

1
憲法

Q
1-1

憲法は何のためにあるのですか？

A

憲法は、国の構造を設計し、権力が好きかってに使われない仕組みを設け、人権を保障する役割を果たしています。

「憲法ってふだん何の役に立っているんだろう？」と思っている人は少なくないと思います。なんとなく重要であることはわかるけれど、「この国の形」とか、「人権保障」とか、自分の日常生活にはあまり関係なさそうなので、知識人たちがかってに議論していればいいんじゃないか、と思っている人もいるでしょう。しかし、「憲法がなかったらどうなるか？」ということを想像してみると、その重要性が多少なりともわかるかもしれません。

憲法がないと、国の各機関は権限を行使する正当性を失ってしまいます。正当性を失うと、やがて国のいうことを聞かなくなる人が出てくるかもしれません。そうなると、国は実効的な統治能力を失って弱体化していくか、統治能力を強化するために独裁に走るかのどちらかに向かう可能性があります。要するに、不安定な社会になってしまうか、厳しく統制された社会になる可能性があるということです。

また、憲法がなければ、誰も人権を保障してくれません。たとえば、特定の宗教しか信じてはいけなくなったり、わけもなく突然財産を没収されたりしても、文句をいうことができないわけです。

これらのことは極論のように思えるかもしれません。たしかに憲法がなくなったらどうなるのかは、実際にそうなってみなければわからないでしょう。けれども、憲法があるおかげで今の社会が成り立っているとしたら、憲法がなくなってしまうとこの社会状態が維持できなくなるおそれがあることを知っておくべきです。つまり、憲法が国家機関に正当性を与え、その権力を制限し、人権を保障しているからこそ、自由で民主的ないまの社会ができているのです。

なぜ憲法がこうした役割を担っているのでしょうか。それは、近代国家の成り立ちに大きく関係しています。原始時代、人間は不安定なサバイバル生活をしていました。けれども、殺し合いや奪い合いが横行する世界では安心して生活することができないうえに、子孫を残すこともままなりません。そこで、人間は協力することを覚え、家族、村、町を作り始め、最終的には国家を作りました。こうして登場した国家は人々の安全を守るためにできたわけです。

ところが、王様が国家を支配する場合、時として王様は人民の命や財産を奪うことがありました。そうなると、安全のためにつくった国家が、安全を奪う存在になってしまいます。しかし、国家がなくなってしまうと、不安定な時代に逆戻りです。そこで、人々は安全のためには国家が必要だけれども、それと同時に自分たちの権利を守ることも重要だと考えました。自分たちで国を運営し、国が行き過ぎないような仕組みを設け、人権を守ることにしたわけです。それが近代憲法の始まりといえます。

このような話は仮説の積み重ねではありますが、憲法の役割を端的に物語っています。もう少し具体的にいうと、まず、自分たちの政治は自分たちで決めるという国民主権の原則があります。主権者の合意に基づいて成立した憲法により、各国家機関が権限を与えられています。それが、各機関が権限を行使する正当性の根拠になっています。さらに、憲法の目的である人権保障のために、人権にはどのようなものがあるのかについて規定されています。このように、憲法は国家の基本構造を整備し、人権を保障しているのです。

Q 1-2 国民主権とは具体的にどういうことですか？

A 通常、国民主権は政治的な決定をするときの権威として機能しています。

現在の日本国憲法は明治憲法（大日本帝国憲法）の改正という形をとっていますが、その際、天皇主権から国民主権に変更されました。主権の変更というと、すごいことが起きたように感じますが、私たちは主権者であることをあまり実感していないと思います。それは、主権とはそもそも何なのかということが、ふだんの生活で切実なこととして考えにくいからです。

標準的な憲法の教科書を開くと、国民主権とは「国政のあり方を最終的に決定する権威が国民にあること」と定義されています。ここで注意しなければならないのは、「権威」という点です。つまり、政治の最終的決定権の「権威」が国民にあるということが、国民主権の意味なのです。この権威が確保されていれば、ふだん、国民が直接政治を決定する必要はないということになります。

では、どのようにその権威を確保するかといえば、それは民主主義のプロセスによって維持されています。つまり、国民が自らの代表者を選び、その代表者が国の政治を決定するというプロセスによって、間接的に国民はその決定をしているのです。その決定は、国民の信託を受けたものなので、権威が確保されていることになります。そのため、私たちはふだん主権者として政治を直接決定している実感がないのです。

「それでは主権の意味が薄れてしまうのではないか」と思う人もいるかもしれません。しかし、主権の直接的な行使は大きな影響力を持つので、それが頻繁に行使されてしまうと政情が不安定になってしまいます。そのため、ふだんは権威として存在し、その力は封印されているのです。

とはいえ、主権を直接行使する機会がまったくないというわけではありません。現在の制度では、主権を行使する機会は限られていますが、その機会は存在しているのです。その代表例が、憲法改正についての国民投票です。このとき、国民は憲法改正を行なうべきか否か、投票によって直接判断を下します。それはまさに国民主権の行使なのです。

Q 1-3 いまの日本で三権分立は機能しているのですか？

A 三権相互の抑制と均衡のシステムと、それぞれが割り当てられた任務を自律的に行なうことにより、うまくバランスをとりながら権力の集中や濫用を防止しています。

三権分立については、小学校や中学校で習ったことがあると思います。国家権力が、立法・行政・司法の3つに分かれ、それぞれがお互いをチェックし合う関係にあるというものです。では、三権分立の目的は何かというと、それぞれの機関が権力を濫用しないように見張り、ひいては国民の人権を守るということです。したがって、もし三権分立がまったく機能しなくなってしまうと、権力が好きかってに行使され、人権保障の制度が崩壊してしまう危険があるのです。

もっとも、現代の三権分立が教科書通りに機能しているかというと、そうでもありません。たとえば、政党の存在を考えてみましょう。憲法には政党に関する規定がありませんが、最高裁判所は議会制民主主義を支えるものとして政党の存在が認められると述べています。そして、衆議院で多数を握った政党が与党となり、内閣や衆議院を動かすわけですから、実際の政治では政党の影響力がかなり強いといえるでしょう。さらに、内閣が最高裁の裁判官を任命するので、そこにも政党の影響力が働いている可能性があります。そのため、三権分立は三権が相互にチェックし合うという単純な図式ではなく、そこに政党を含めて考えていく必要があるのです。

しかしそうなると、たとえば行政（内閣）と国会（衆議院）との間で、チェック機能が働かないのではないかという疑問がでてきます。たしかに、そうした問題はありますが、政党は常に一枚岩というわけでもなく、内部分裂することも珍しくありません。また、議員個人は党議拘束を受けることもありますが、基本的には自分の意思で活動することができます。さらに忘れてはならないのは、国会には参議院も存在するという点です。与党が参議院で多数派を形成することができない場合、ねじれ国会となり、権力システムはにわかに四権分立の様相を呈することになります。したがって、その時々の政治状況しだいで三権分立のチェックシステムの運用には変化がみられます。

なお、三権は他の機関をひたすらチェックしていればいいというわけではありません。三権分立によりそれぞれの機関が独立していることにも、大きな意味があります。それは、権力が1つの機関に集中するのを防ぎ、各々自らの機関に与えられた責務を他の機関に邪魔されずに遂行することができるようにしているのです。

Q 1-4 国会（立法権）は何のためにあるのですか？

A 国会は、法律を制定することが最重要任務ですが、それ以外にも行政をチェックしたり、政治に関する議論をしたりします。

憲法は、国会に立法権を与えています。立法とは法律を制定することですから、国会は法律を作ることが主な任務です。しかも、憲法41条は、国会が「国の唯一の立法機関」であると規定しているので、国会しか法律を制定することはできません。この点については、内閣提出法案（閣法）が立法権の侵害になるのではないかという議論があります。

また、国会は、国民に選ばれた代表者が集う場ですから、ここで国の政治についてさまざまな議論をします。ただし、すべての議題を本会議で扱うことは現実的に難しいので、議題を各委員会に割り振り、まずは委員会が中心となって立法や国政に関する問題を議論します。国会議員は必ずどれかの委員会に所属しなければなりません。委員会での活動は、議員の責務ともいえるでしょう。

また、立法や議論を行なうためには、関連する情報を入手することが必要です。そこで憲法62条は国政調査権を国会に与えています。これによって、証人を国会に呼んで質問したり、行政に関連書類を提出させたりすることができます。証人喚問は、正当な理由なく応じない者を罰することができる強力な権限なので、それほど頻繁に活用されているわけではありません。そのため、基本的には参考人招致という任意の方法が用いられる傾向にあります。また、福島第一原子力発電所事故の原因究明のために設置された国会事故調査委員会のように、いざとなったら国政調査権を発動するというような方法もあり、国政調査権に切り札のような意味を持たせることもあります。

また、行政をチェックすることも国会の任務の1つです。チェックの方法はいろいろありますが、国政調査権を使うだけでなく、行政監視委員会が存在しています。これは行政をチェックするための委員会ですが、しかし、実際にはあまり機能していないのではないかという批判もあります。

なお、国会には、裁判官にふさわしくない行為をした者に対し、弾劾裁判を行なう権限が与えられています。裁判官には厚い身分保障がありますが、時にはその職にふさわしくないような行為をする者が出てくる可能性もあります。そういう場合に、国会が弾劾裁判を行なって、その裁判官を罷免するシステムが弾劾《だんがい》制度です。

Q 1-5 内閣（行政権）の具体的な役割は何ですか？

A 政策を作成・提案したり、管理・運営などの事務作業を行なったりしています。

じつは、三権の中で最も役割が広く、実態を捉えにくいのが行政です。そのため、行政権の定義についても、長らく「国家権力から立法権と司法権を除いたもの」という見方が支持されてきました。つまり、行政を定義することは難しいから、「全国家権力－（立法権＋司法権）＝行政権」として把握してきたわけです。

しかし、これでは結局、行政権の中身を知ることができません。そこで、行政権の具体的内容を示しながらその意味を明らかにしようとする見方もあるのですが、現実の行政はどんどん役割が増えているので、十分に行政権の内容を捉えることは困難です。

最近では、行政を一言でまとめるのではなく、政治を行なう分野と法律を執行する分野とに分けて考える見方が有力になっています。この見解によると、高度な政治的判断を行なう領域を「執政／執行」と呼び、法律の実施を行なう領域を「行政」と呼ぶことになります。

執政／執行の分野では、内閣が中心となって政策を決定したり、外交問題を処理したりします。また、防衛事項や行政各部の指揮監督なども、この分野に入ることになります。

一方、行政の主な職務は、法律の内容を実際に執行していくことをいいます。もっとも、行政国家という言葉があるように、行政の任務は増えるばかりです。特に、福祉サービスの分野では少子高齢化の加速とともに年々その役割は増加しています。そうした給付行政の分野は法律によって画一的に対応することが難しいので、行政の裁量が広くなる場面でもあります。

ただし、裁量が広いといっても、それが行きすぎると人権保障や法の支配との関連で問題が生じる可能性があります。たとえば、近年では行政指導などのようなソフトな行政手法が増える傾向にありますが、行政指導の名を借りて実質的には強制的に行政目的を達成するなどの方法には、問題があるといえるでしょう。

なお、行政が職務を実行する際、憲法や法律に基づき、命令や規則を制定することができるようになっています。法規の形式をとることによって、かってな活動を行なわないようにするという意味があるといえます。

Q 1-6 裁判所（司法権）の具体的な役割は何ですか?

A 裁判をしたり、国家の行為が憲法に違反していないかどうかをチェックしたりします。

司法権とは、裁判所が行なう裁判作用のことをいいます。三権のうち、やるべきことがある程度明確だといえます。ところが、裁判所が判断できる事件（＝裁判）とは何かを考えると、いろいろと考えなければならないポイントがでてきます。

では、裁判とは何なのでしょうか。これは、少し専門的になりますが、「具体的争訟について法を適用し、宣言することによってこれを裁定する作用」と定義されています。簡単にいえば、裁判所が法に基づいて事件を審理して解決するということです。ここでポイントになるのが、「具体的争訟とは何か」です。なぜなら、裁判所は社会で起きたすべての事件を審理できるわけではなく、具体的争訟でなければ扱うことができないからです。

ここでいう具体的争訟とは、当事者間の具体的な権利義務や法律関係に関する紛争で、法律を適用することで終局的解決が可能なものをいいます。これも簡単にいえば、①法律問題をめぐる具体的な事件で、②法律の適用によって解決できるものでなければならないということです。どちらが欠けても、裁判所は判断することができません。例を挙げると、具体的事件が起きていないにもかかわらず法的判断を迫るケースや、具体的事件が起きていても宗教上の教義をめぐる紛争のように法的解決ができないケースなどがそれに当たります。

また、内部の自治に任せることが適当なケースについても、裁判所はこれを判断しないことがあります。たとえば、地方議会の内部問題や、大学の単位認定問題などがそれに当たります。ただし、内部的問題であっても、それが一般社会における法律関係に影響を与えるような場合には取り上げることがあります。

具体的事件が起きていなくても、裁判所で判断することが可能とされているケースもあります。代表例として、地方公共団体の違法行為に対して裁判を起こす住民訴訟があり、政教分離違反の問題などはこの訴訟手続に基づいて裁判が行なわれることが多いです。ただし、こうした訴訟は司法権の範囲を逸脱しているのではないか、という理論的問題が潜んでいることに注意が必要です。

さて、司法権の役割の中で非常に重要なのが、違憲審査権です。憲法81条は、最高裁判所に違憲審査権を与えています。最高裁は、あらゆる国家行為が憲法に適合しているかどうかを判断する権限を与えられているのです。この違憲審査権は、最高裁だけでなく、司法権に与えられていると考えられているので、下級裁判所もこれを行使することができます。

違憲審査権はあらゆる国家行為を対象としますが、具体的事件が起きていない抽象的な憲法問題について違憲審査権を行使することはできません。たとえば、自衛隊に違憲の疑いがあるとして訴えを提起したいと考えたとしても、自衛隊が何らかの形で権利や利益の侵害を行なわなければ、裁判所は自衛隊の憲法適合性を判断できないのです。

やっかいなのは、具体的な事件ではあるけれども、政治的問題が絡んでいる場合です。過去に最高裁は、高度に政治性が絡む事件については、たとえ法的紛争であっても判断しないとしました。場合によっては例外的に判断するとしたケースもありますが、それでも原則として関与しないという立場を鮮明にしていました。司法の場は政治的問題を争う場ではなく、政治の問題は政治部門で解決してくれということです。

Q 1-7

天皇制は憲法でどのように位置づけられていますか？

A 天皇は日本国の象徴であり、日本国民統合の象徴となっています。

憲法1条は、「天皇は、日本国の象徴であり日本国民統合の象徴であって、この地位は、主権の存する日本国民の総意に基く」と規定しています。象徴とは、抽象的なものを具体化したものをいいます。たとえば、平和の象徴が鳩といった具合です。日本国という言葉は抽象的で、簡単に定義することはできません。したがって、それを具体的に表わすことが必要になってきます。それが天皇という存在なのです。

象徴たる天皇は、それに見合う活動を行なうことが憲法で予定されています。天皇は、内閣の助言と承認に基づいて、国事行為を行なうことになっています。国事行為の内容については憲法7条に列挙されていて、憲法改正、法律、政令及び条約の公布、国会の召集、衆議院の解散、総選挙の施行の公示、官吏等の認証、恩赦の認証、栄典の授与、外交文書等の認証、外国大使の接受、儀式を行なうことなどです。また、憲法6条により、国会の指名に基づいて内閣総理大臣を任命し、内閣の指名に基づいて最高裁判所の長たる裁判官を任命することにもなっています。

これらはどれも重要な行為ですが、天皇は実質的な判断権を持っていないとされています。なぜなら、憲法4条1項が、天皇は国政に関する権能を有しないと規定しているからです。そのため、国事行為を行なうにあたっては、内閣が実質的判断を行ない、天皇が形式的な行為を行なうものと理解されています。

難しいのは、天皇の公的行為と呼ばれる行為です。国民的行事への臨席、式典等における「お言葉」、国内巡幸、園遊会の開催などは、憲法が国事行為として列挙しておらず、さらに純粋な私的行為とも言い難いため、こうした行為が認められるのか、という問題がでてくるわけです。これについては、それを否定する見解もありますが、国事行為に準ずる行為であるものとして認める見解や、前にあげた憲法7条10号が規定している国事行為としての「儀式」に当たる行為として認める見解があります。

なお、皇室内部のことは皇室典範という法律によって規定されています。皇室典範には、皇位継承などについて定めが置かれており、皇位は皇統に属する男系の男子が継承することになっています。

Q 1-8 地方自治とは具体的にどういうことですか？

A 教科書的にいえば、住民自治と団体自治のことを指します。

世間では、よく地方分権という言葉を耳にします。地方に任せた方がよいとされる事柄は、国から地方に権限を移していくべきだとする議論をいいます。また、あわせて財源も使えるように、地方の財政権を拡大すべきとの議論もでてきています。ある種のブームにもなっているような地方分権ですが、それは地方自治と何が異なるのでしょうか。

地方分権論は地方に権限を移すべきだとする議論であり、どちらかといえば政策的な議論が多いのです。これに対し、地方自治は、「地方政府が自主的・自律的に政治を行なうこと」を憲法によって保障されていること、を意味するので、規範的な概念だといえます。

地方自治は、住民自治と団体自治を内容とします。住民自治とは、地方政治が住民の意思に基づいて行なわれることを指します。住民の政治参加が重視されるので、民主主義的側面が強いといえます。憲法93条が、地方公共団体の長と地方議会の議員を住民が選挙で選ぶとしているのはまさにこのことを要請しています。団体自治とは、国から独立した公共団体（都道府県や市町村）が地方政治を行なうことを指します。こちらは、国からの介入を受けずに、自律的に政治を行なうことが重視されるので、自由主義的側面が強いといえます。そのため、国が法律によって地方公共団体そのものを廃止することは許されないと理解されています。

地方自治は、国が法律によって地方自治の核心的部分を侵してはならないとされています。何が核心に当たるかについては、先に挙げた地方議会の他に、直接公選制、組織権、人事権、財政権、条例制定権などが想定されています。

これらのうち、地方ごとの状況に応じて独自色がでてきているのが条例です。地方公共団体はさまざまな事務を取り扱いますが、それを実施するにあたり、条例を制定することができるようになっています。ただし、法律に反してはならないので、一定の限界はありますが、さまざまな条例が制定されるようになっています。

また、住民自治を推進すべく、住民投票が行なわれることがあります。ただし、住民投票に法的拘束力を持たせると、地方自治法との関係で問題が生じるので、法的拘束力を持たせずに住民の意思確認をするという意味で、住民投票が行なわれています。

Q 1-9

憲法改正が簡単にできないようになっているのはなぜですか？

A 主な理由としては憲法が国の最高法規であり、内容的に人権保障や基本原理を定めているからです。

憲法を改正するには、まず両院の3分の2の同意を得て国会により改正の発議が行なわれ、その可否については国民の2分の1の承認が必要とされています。通常の法律は、両院の過半数で可決するわけですから、憲法の方が厳しい要件になっているのです。このように厳しい要件が設定されている憲法のことを、硬性憲法といいます。

では、なぜ憲法改正だけハードルが高くなっているのでしょうか。それにはいろいろな理由が考えられますが、まず、憲法は国の最高法規であるという点が挙げられます。憲法は国の最高法規であって、それに反する国家行為は無効になります。国会の過半数で制定した法律も、憲法に反すると無効になるわけです。にもかかわらず、法律と同じ要件で憲法が変えられることになってしまったら、憲法の最高法規性の意味が薄まってしまいます。

また、これには、憲法が国会に法律を制定する権限を与えていることも関係しています。

つまり、憲法が法律制定権を認めることによって、法律の正当性が認められるわけです。それにもかかわらず、国会が法律と同じような要件で憲法を変更できるようになってしまうと、憲法の権威を傷つけ、ひいては国会の正当性が薄まってしまう可能性があります。

つぎに、憲法が定める内容も関係しています。憲法は国の人権保障や基本原理について規定しています。人権保障は、時の多数派によって少数派の権利が制約されないようにするものです。国会は過半数で法律を制定できるわけですが、それによって人権を侵害してはならないというのが、憲法の定める人権保障なのです。そのため、憲法改正のハードルは法律制定よりも高く設定されるわけです。

国の基本原理には、たとえば民主主義があります。個別の政策は政治の場で決められますが、その政治過程は民主主義という基本原理によって支えられています。つまり、通常の政治は過半数で決めていくものですが、その政治過程自体は憲法が定めているのです。そのため、憲法で決めた政治過程自体を通常の政治が変えることは、政治そのものを混乱させてしまいます。

憲法改正には国民投票が必要になっていますが、これにも意味があります。それは、国の仕組みや人権保障といった重要事項を決めるためには、国民自ら参加する必要があるということです。また、3分の2の発議と国民投票の過半数という要件は、多くの賛成を必要とするわけですから、多様な意見を反映させることにもなります。

一方、憲法改正要件のハードルが高すぎるという批判もあります。最終的に国民投票で決するとしても、発議に3分の2を要求することは実質的に憲法改正を不可能にし、現在の国民の意思を反映できないようにしているのではないかという批判です。たしかに、あまりに改正要件を厳しくしてしまうと、およそ改正はできないものになってしまい、いつまでも憲法をつくった過去の人たちの意思に拘束されてしまう、という問題がでてきます。そうなると、現在の意思はつねに過去に縛られることになります。

とはいえ、法律と同じ要件にしてしまうのも、先に挙げた理由からおかしな結果になってしまいます。つまり、改正の可能性を残しつつ、要件はそれなりに厳しくする必要があるわけです。すると、どのあたりが改正要件として適切なのか、という問題になってきますが、これには正解はありません。諸外国の制度と比較したり、あるいは逆にその国特有の事情を考慮したりしながら考える必要があります。

Q 1-10 民主主義とはどういうことですか?

A 人民が政治に参加し、合意によって決定を行なうシステムのことです。

民主主義という言葉は、それ自体多義的であるだけでなく、使う場面によってニュアンスが変わることもあり、定義することがなかなか難しい用語の1つです。よく引き合いにだされるのがリンカーンの言葉で、「人民の、人民による、人民のための政治」が、民主主義の本質として理解されています。その根底にあるのは、自分たちの政治は自分たちで決めるということです。人民自身が政治を決める体制を何よりも重視したのが、民主主義なのです。

そのため、民主主義とは、基本的には、①人民が政治に参加し、②そこで合意に至る体制のことを指します。①と②は両方とも民主主義の構成要素ですが、①に力点をおく場合と②を重視する場合とがあります。たとえば、人民が政治に参加するプロセスに重点がおかれるのは①の方です。一方、民主的決定という言葉を使うとき、そこでは人民の多数派の決定に従うというシステムが意図されています。

日本国憲法は国民主権をうたい、代表民主制を採用していますから、民主主義を採っています。つまり、自分たちの政治は自分たちで判断し、合意によって決定するというシステムが設定されています。具体的には、私たちは選挙で代表者を選び、その代表者が国会で政治を決めることになっていて、それは民主的な体制といえるのです。

ただし、民主主義という言葉を真剣に考えると、もう少し改善が必要ではないかという声もあります。投票率が6割前後で全員参加しているといえるのか、公約を実現しない政党または政治家は真の代表者といえるのか、などといった批判です。さらに、実際の政治は官僚の影響力が強く、民主主義が実現されていない、などの批判も根強いです。

また、最近では単純に過半数で物事を決めればいいというのではなく、中身を吟味することが重要なのではないかという問題提起もなされています。いわゆる熟議民主主義は、熟慮と討議に基づく決定が重要であるとしており、決定の場面よりも、決定に至るプロセスを重視しています。たしかに、熟議することは重要ですが、それには時間がかかりすぎるのではないかという批判もあり、さらなる検討の余地があるといえるでしょう。

Q 1-11 法の支配とは何ですか？

A 人ではなく、法に基づいて統治が行なわれることです。

細かくいうと、法学の分野では、英米的な法の支配と、ドイツ流の法治国家という似た言葉があり、それぞれ違いがあるのですが、ここでは英米的な法の支配を中心に説明していきます。

法の支配はイギリスに由来するとされています。中世のイギリスは、君主が支配する体制をとっていましたが、そこでもすでに慣習を中心とした法の支配が存在していました。とはいえ、中世では君主の力が強く、人（国王）の支配としての側面が強く残っていました。

しかし、名誉革命などによって議会主権が確立していくと、近代的意味の法の支配が登場します。ある法の支配論によると、法の支配とは、①権力に対する法の絶対的優位、②すべての者が法律および裁判に服する法の前の平等、③裁判所の個々の判決が憲法の一般原則となる判例法の重要性、を指すとされています。簡単にいえば、法を頂点とした統治構造が形成されたわけです。ただし、ここでいう法は立法に限らず、判例もその一翼を担うことになっています。

アメリカもこの精神をある程度引き継ぎ、デュープロセスを中心とした法の支配を確立していきます。デュープロセスという言葉は邦訳が難しいのですが、「適正手続」に近い言葉です。デュープロセスは、形式的手続のみならず、その内容についても適正さを要求するものとして理解されています。

さて、現在の日本も法の支配を採用しているといわれますが、それはどのような場面で現われてくるのでしょうか。憲法の標準的な教科書を見ると、日本における法の支配は、憲法の最高法規性、人権保障、適正手続、司法による権力統制などに垣間見ることができるとされています。ここでは、国家権力の行使に対する法的統制として、手続の適正さだけでなく、法内容の適正さも要求されているところが特徴的です。

Q 1-12 政治と宗教はどの程度分離していなければならないのですか?

A 政教分離原則によって国家と宗教の関係が一切許されなくなるわけではありませんが、その関係は相当な限度を超えてはならないとされています。

憲法20条は、いわゆる政教分離について規定しています。国家と宗教が結びつくと、特定の宗教だけが優遇され、残りの宗教が抑圧されてしまう可能性があります。そこで、国家と宗教を分離して、個人の信教の自由を保障しようとしたのが政教分離原則です。けれども、国家と宗教の関係を完全に断絶することは実際にはほとんど不可能です。そのため、国家と宗教の関係は一切許されないわけではないのですが、政教分離の目的との関係で相当とされる限度を超えてはならないと考えられています。

問題は、「相当とされる限度」とは何かということです。最高裁判所によると、国家の行為が宗教的意義をもち、その効果が特定の宗教に対する援助となったり、あるいは逆に圧迫になったりするかどうかが基本的な基準になるとしています。具体的な例としては、県知事が神社に公費で玉串料(祈禱などにかかるお金)を支払うことは政教分離に反するとされています。一方で、市長が市の建築物の地鎮祭《じちんさい》（土地の神を鎮める儀式）を行なうために公費を出すことは、地鎮祭が慣習的な世俗的行為であることから、政教分離に反しないと判断されています。

他にも判例はありますが、結局、「相当とされる限度」を超えているか否かは、個別具体的に考えていくしかなさそうです。そうした中で、物議をかもしているのが首相の靖国参拝の問題です。この問題は、国（首相）が主体であることから、前述の裁判のような住民訴訟（地方公共団体を相手方とする訴訟）を使うことができず、現時点では裁判所で正面から政教分離違反を争うことは難しい状況にあります。

このように、日本の政教分離に関する裁判では神道が問題になるケースが多いですが、これは明治憲法時代に国家と神道が一体となり、国民の生活にも密接に関連してきた名残りがあるからです。そのため、世俗的な性格が強いのか、それとも宗教性が強いのか、を個別具体的にみながら、「相当とされる限度」かどうかを考えていくしかないといえるでしょう。

Q 1-13 国家の役割をめぐる議論にはどんなものがあるのですか？

A 典型例として、大きな国家（政府）を志向するものと小さな国家（政府）を志向するものがあります。

もともと、国家の役割は安全確保や衛生維持といった事柄に限定されていました。よく古典的国家のことを「夜警国家」といいますが、まさにその役割は警察的任務に限られていたわけです。ところが、20世紀に入ると、国家の役割が増大し、福祉国家への転換を余儀なくされます。その結果、国家は治安維持だけでなく、福祉や環境などさまざまなサービスを行なうようになりました。もっとも、国家財政には限界がありますから、国家の役割を増やし続けるわけにはいきません。社会が発展し、経済が成長し続けているうちはいいですが、それが行き詰まったとき、何らかの転換を迫られる可能性があります。さらに、国家が大きくなればなるほど、市民生活に介入する割合が増えていくことになるので、市民的自由が狭められてしまう危険性があります。

これは、まさに現在の日本の課題であり、どのような国家を選択するかという問題に直面しています。アメリカでは、保険問題などで国家の役割を拡大するオバマ政権に対し、保守派が中心となって2009年頃からティーパーティー運動が起きました。この運動は、国家の大幅な財政出動に反発し、課税を少なくして国家の役割を小さくすべきであるというものです。一方、国家が一部の裕福な層のみを優遇し貧しい層に配慮していないとして、貧困層への国家の役割を要求したのがウォールストリートデモでした。富裕層に反発して、金融の中心であるウォールストリートでデモを行なったのが特徴的です。このように、国家の大小をめぐる議論が活発なのは、やはり建国の背景が影響しています。もともと、アメリカは国家に対して懐疑的であり、連邦政府をつくる際も議論が分かれました。そのため、大きな国家論に対し、アレルギーを持つ人が少なくないのです。

日本はアメリカのような背景を持っているわけではありませんが、最近では財政の立て直しをどうするかという現実的問題に直面しています。国家の財政出動に頼りながら景気を回復させていくのか、それとも国家の役割を狭め自由競争に任せていくのか、という選択に迫られているのです。それはまた、財政にゆとりがなくても助け合いという共助の精神でやっていくべきだと考えるのか、それとも財政がひっ迫しているのだから個人の自助努力に任せるべきだと考えるのか、にも関連しています。もちろん、両者の間をとるという方法もありますが、国家像としてどちらをイメージするかは考えておく必要があります。

Q 1-14

保守とリベラルとは何ですか？

A

正確な定義は難しいですが、保守は伝統、権威、経済的自由などを重視し、リベラルは平等な分配や多様性などを重視する傾向があります。

政治的イデオロギーは、使い方によって意味やニュアンスが異なってくることがあるので、正確に説明することは難しいです。よく保守とリベラルという言葉が対義語で出てきますが、日本でいう保守やリベラルは、アメリカの保守とリベラルとは違います。しかも、日本の場合は、個別の政策において多少の違いがあるものの、国家像がぼやけていて、両者の本質がどこにあるのかがイマイチわかりにくいのです。

あえて誤解をおそれずにいえば、それぞれ重視する点は次のようになります。日本における保守は、伝統、治安、経済、秩序、国家、権威、共同体などを重視します。一方、リベラルは、市民的自由、平等、多様性、福祉、労働者保護などを重視します。もう少し説明を付け加えると、保守は国家が伝統、安全、秩序を守り、経済を発展させていこうとする傾向があるのに対し、リベラルは、個人の活動や多様性を重視し、国家は平等的配分を行なうべきであると考える特徴があります。

ただし、注意が必要なのは、両者はそれぞれの項目において、まったく正反対ではないということです。たとえば、保守派は伝統を重視しますが、リベラル派が伝統を重視しないというわけではありません。ただ、保守派が重視する伝統には特徴があって、伝統的宗教、伝統的行事、伝統的形態としての家族などがあります。また、リベラル派は福祉を重視しますが、保守派が福祉を重視しないわけでもありません。ただ、リベラル派は貧者や弱者に対して一層の配慮を行なうべきだとする傾向があります。このように、両者の差はそれぞれの事項の個別的内容において差が生じ、相手の政策に反発するものの、根本的に見解が異なる場面は少ないといえます。

また、アメリカの保守とリベラルの対立では、大きな政府か小さな政府かが大きな争点になっているのに対し、日本の保守とリベラルの対立では、その問題にあまり光が当てられません。日本の場合、どちらも国家の一定の関与を前提として議論しているので、そうした問題が大きな争点にならない傾向があります。そのため、個別事項ごとには違いがありますが、大きなくくりで保守とリベラルを区別することは難しくなっています。なお、保守とリベラルは右派と左派と対比されることがありますが、それぞれの関係は必ずしも一致するわけではないので、この点にも注意が必要でしょう。

2

人権

Q 2-1

基本的人権とはどのようなものですか？

A 人権とは、人が人らしく生きていくために、誰もが分け隔てなく生まれながらにしてもっている、大切な権利のことです。そのなかでも、特に大切な人権を基本的人権と呼び、具体的には信教の自由、言論の自由、職業選択の自由などがあります。

基本的人権の尊重は、憲法の最も基本的な原則です。人権は、国が恩恵的に国民に与えるものではなく、人間が生まれながらに有する固有・普遍の権利であり、あらゆる公権力は、これを侵してはなりません。憲法改正によっても否定できないと考えられています。一人ひとりの個人をかけがえのない存在と見る「個人の尊重」が、基本的人権の基礎にあり、国家権力に対して人権を保障することにこそ、大きな意味があります。

基本的人権は大きく分けると、国家からの自由を意味する「自由権」、国家への自由を意味する「参政権」、国家による自由を意味する「社会権」の三つがあります。西欧の近代市民革命によって確立された近代の人権は、国家による個人の領域への不当な介入を排除し、個人の自由な意思決定と活動とを保障する自由権が中心でした。思想・良心の自由、信教の自由、言論の自由、財産権の不可侵、人身の自由などがその典型です。その後、自由権の保障をきちんと実現するために、市民自らが国政に参加する権利として参政権が必要とされました。選挙権や請願権がそれに当たります。さらには、社会的・経済的弱者が国家に対して積極的な配慮を求める権利として、生存権、労働基本権などが主張されるようになりました。社会権の登場です。

近年では、人権思想の進展にともない、条約などを通じて人権保障の普遍化をはかるなど、人権保障の国際化が進んでいます。為政者の都合には左右されず、地球上どこに生まれ住んでいても、人は同じように人権が保障されなくてはならない、と考えられているからです。1948年には世界人権宣言が、1966年にはその内容を基礎として、国際人権規約（経済的・社会的及び文化的権利に関する国際規約＝社会権規約、市民的及び政治的権利に関する国際規約＝自由権規約）が国連総会で採択されました。

国連は個別の人権について条約化を進めており、日本が批准した主な条約として、人種差別撤廃条約、女性差別撤廃条約、子どもの権利条約などがあります。規約や条約には法的拘束力があり、それらで保障された権利を国が守らない場合は、国内の裁判所に訴えることができます。また、日本ではまだ認められていませんが、人権を侵害されながら国内で救済を受けられない個人が直接、国際機関に救済を求める制度も用意されています。

「公共の福祉」とは何ですか？

A ある人の人権と他の人の人権が衝突したとき、あるいは社会の多くの人の人権に大きな影響を及ぼす可能性があるとき、それを調整するための物差しとして、「公共の福祉」があるといえます。

憲法は、一人ひとりの人権保障を最重要の価値として掲げていますが、個々の人権は絶対に制限を受けないわけではありません。憲法は、国民の権利については「公共の福祉に反しない限り」国政の上で最大の尊重を必要とすると定めており、これが基本的人権を制約する根拠であることがわかります。

それは、人権同士の関係をみてみるとわかりやすいでしょう。たとえば、表現の自由といっても、他人の名誉を傷つけることが正当化されるわけではありません。また、国民全体の利益を保護するためにも、人権が制約されることがあります。経済的自由を根拠に、不衛生な食品を販売する自由までは認められません。

ただし、「公共の福祉」という言葉で、国はいくらでも人権を制限できるというわけではないのです。日本国憲法が制定されてまもない時期の判例は、人権が「公共の福祉」により制約されると述べるだけで、いわば国の都合で、国民の人権を制約することを簡単に認めてきました。しかし、最近では最高裁判所も、事件ごとに人権制限の理由としての「公共の福祉」の中身をチェックするようになってきています。

本来、人権は簡単に制約されてはならないものですから、原則として「公共の福祉」はやむをえない理由がある場合に限定されるべきです。そこで、どういう事情・理由があれば人権を制限しても違憲にならないか、その正当化事由は、各人権の性質に応じて個別的・具体的に検討されなければならない、と考えるべきなのです。

一方、重要な社会的利益の保護を制約の根拠にする考え方が強まりつつあります。しかしその意図は、社会に住むより多くの人たちの権利を十全に保護することにあります。「公益」や「公の秩序」の名を借りた、国家権力による国家利益のための恣意的な人権の制限を、広く認めようとするものではないことに十分気をつける必要があります。

Q 2-3 表現の自由とは何ですか？

A 個人の考えや意見を外部に表明し、他人に伝えることを保障するもので、多くの人権の中でもひときわ重要な権利です。

憲法は、「集会、結社及び言論、出版その他一切の表現の自由」を保障しています。すべての人は、原則として、好きな時に、好きなことを、好きな場所で、好きな方法で発表することができるのです。演説、デモ行進、ビラ配り、出版物、演劇、絵画、音楽、写真、テレビ、インターネットなど、およそすべての表現行為が保障の対象になっています。

では、表現の自由は、なぜ重要なのでしょうか。個人にとっては、内面に持つものを外部に表明し、他者とコミュニケーションを交わすことで、自分の存在意義を認識し、自己の思想や人格を豊かに発展させることができます（自己実現の価値）。また、社会にとっては、一人ひとりが考えを自由に出し合い、それを政治に反映させることで、政治的な意思形成に参加することができます（自己統治の価値）。歴史的にも、個人の意見表明や政治批判が国家によって弾圧され、それに対抗して表現の自由の保障が確立されたという経過があります。ですから、個人が国家に対して異議を述べる自由の保障こそが表現の自由の核であり、国家が予め介入して、言論をコントロールすることは許されません。

とりわけ日本の場合は、戦争の苦い経験から、国家による事前の内容審査である「検閲」を絶対的に禁止するとともに、他の国にはあまり見られない憲法上の規定として、国に盗聴行為をさせないために「通信の秘密」を明記しています。また、自分の考えをまとめる上で、さまざまな情報や知識を自由に入手できないと困るので、国が情報の取得を妨げない、さらには国がもっている情報を開示させるという意味で「知る権利」も不可欠です。こうした、受け、求め、伝えるというすべての情報の流れが保障されてはじめて、表現の自由は守られるといえるのです。

最近の日本では、「国益」を優先して国防上・外交上の秘密のほか、公安と呼ばれる社会秩序に関する情報に関しても、秘密保護のための特別な法制度が作られようとしており、知る権利の範囲の線引きが急速に進んでいます。あるいは、デモ行進は、市民が政策に対して意見を表明し、民主的な意思形成に携わる身近な表現方法ですが、交通の妨げになるなどの理由で厳しい制限が続いています。表現の自由の重要性に鑑《かんが》みるなら、表現行為に対する規制は必要最小限度でなければなりません。単に公共の秩序が害されるなどの抽象的な理由で、恣意的に制限が行なわれることがあってはならないのです。

Q
2-4

差別とはどのようなものをいうのですか？

A

差別とは、偏見や先入観などに基づき、特定の人に対して、不利益・不平等な扱いをすることとです。もちろん、悪意をもたず、無意識に行なった行為が、結果として差別を生む場合も少なくありません。

日本国憲法は「法の下の平等」を定めています。この平等は、個々の性別・能力・年齢・財産・職業などの事実上の違いを考慮して、法律上、異なった取り扱いを認める相対的平等を意味します。例えば、個々の資力に応じて税額に違いを設け、高収入の人により大きい負担を課すなど、それぞれに異なった取り扱いがなされても、それに合理的な理由があるときは、憲法の禁止する差別にあたりません。問題は、合理的な理由があるか否かです。

また、近年の社会では、社会的・経済的弱者のために保護を与え、その自由と生存を保障することが、国に求められています。ですから、すべての個人を法的に均等に扱って、その自由な活動の機会（機会の平等）を保障するだけでなく、社会的・経済的不平等を是正して、実質的な平等（結果の平等）を実現することが大切です。

残念ながら、私たちの社会には、今日においてなお、性、人種や民族、出自などを理由とした差別が根深く存在しています。部落差別、障がい者差別などに対しては、それを是正するためのさまざまな国の政策が採られてきましたが、いまだ解消されていません。それどころか最近では、社会的少数者を侮辱、蔑視し、その人々に対する差別を助長、扇動するヘイトスピーチ（憎悪表現）が、インターネット上や街中《まちなか》に横行する事態を招いています。一人ひとりの個人をかけがえのない存在とみる個人の尊重の原理は、互いの違いを尊重し、多様性を認め合うことを社会に要求しています。私たち自身が、そのことをきちんと理解し、実行することが必要です。

同時に、もっとも悲惨な差別は、国家が行なう政策による差別であることも、忘れてはなりません。過去にはハンセン病患者に対し、誤った隔離政策が採られ、多くの患者の人権が踏みにじられ、彼ら彼女らの人生が根こそぎ奪われました。また、住民の声を無視した沖縄への過度な基地の集中・過重な負担の押し付けは、長い間の沖縄への構造的差別の上に成り立つものです。国全体の利益のために、特定の属性・地域の人々に我慢を強いるといった差別が許されてはいけないことは、いうまでもありません。

Q 2-5 労働者の権利とは何ですか？

A 一般に弱い立場にある雇われる側の労働者が、自分の意思に従って働くことができる権利、そして、団結する権利、団体交渉や団体行動を行なう権利（労働基本権）のことです。

憲法は、経済的に弱い立場にある労働者を、使用者と対等の立場に立たせることを目的として、労働者の団体（労働組合）を組織する権利（団結権）、労働者の団体が使用者と労働条件について交渉する権利（団体交渉権）、労働者の団体が労働条件の交渉を有利に進めるため争議などの団体行動を行なう権利（団体行動権）の、いわゆる「労働三権」を保障しています。この下に労働組合法は労働組合の承認・保護を定め、使用者の不当労働行為（労働組合への加入・結成及び組合活動をしたことを理由とする不利益取扱い、正当な理由なく団体交渉を拒む団交拒否、労働組合の結成・運営への支配介入）を禁止しています。労働者は労働基本権の正当な行使に対して、刑事上も民事上も責任を問われません。

その前提として、憲法は、労働者の働く権利を宣言し、働く意欲を持つ者が働く機会を得られるための政策を講じることを、国に義務づけています。例えば、公共職業安定所の職業紹介事業や、事業者に対する障がい者雇用、60歳から65歳までの高年齢者雇用確保措置の義務づけなどは、雇用の促進・安定を図る政策の表われです。そのほか、賃金や労働時間、休暇などの基本的な労働条件について定めた労働基本法、賃金の最低額を保障することを定めた最低賃金法、労災補償について定めた労災保険法などは、労働条件を人間にふさわしいものとして保障する政策の表われです。

しかし残念ながら、制度と実態は必ずしもあっておらず、労働者を取り巻く問題は深刻です。とりわけ1990年代以降の急速なグローバル化という名のコスト至上主義や効率化の中で、企業が国際競争に勝ち抜くために、従業員の労働環境を切り詰めるという循環が生まれており、労働法制もそれにあわせた変更が続いている傾向にあります。たとえば、労働者派遣事業は、かつては専門的業務に限定されていましたが、その後、法改正によって原則自由化され、製造業務にも解禁された結果、非正規雇用の温床となっています。いまや、非正規雇用者の割合は、労働者の3分の1にのぼっており、しかも、彼ら彼女らの大半は年収200万円台以下という低賃金を強いられ、十分な福利厚生を受けることもできていません。いわば「使い捨て」の雇用実態を生んでいるのです。また、雇用の流動化政策の一環としての成果主義や能力給の導入は、長時間残業ひいては過労死を引き起こし、さらに最近では解雇の自由化も検討されています。

一方で、非正社員と正社員の処遇の格差問題や、派遣・請負など外部労働者の利用や保護のあり方について、その問題認識はようやく社会の中で共有化されつつあるものの、具体的な政策改善には結びついていません。しかも、そうした弱い立場を救うための組合は、戦後の「組合潰《つぶ》し」の歴史を経て、存在しない企業も多く、たとえあっても企業内組合として会社の成長のための一組織になっていたり、加入しない労働者が多数の状況になっているなど、せっかくの制度が生かされていないといえるでしょう。

近年では、労働基本権について、労働者の個人としての自律と自己決定を重視すべきという観点から、労働者個人が労働条件の決定に主体的に参加していくための権利であると考えられるようになってきました。国際労働機関（ＩＬＯ）は、１９９９年、グローバル化の進展のなかで、失業、貧困、格差の拡大などが世界的な問題となっていることを背景に、21世紀の最重要目標に「ディーセント・ワーク（働きがいのある人間らしい仕事）の確保」を掲げています。社会の多様化・複雑化の中で、すべての男女が公正かつ良好な労働条件を享受し、人間らしく働く権利を保障するという、原点に立ち返った政策が求められています。

Q 2-6 人身の自由とは何ですか?

A 人は、気持ちの赴くままに、どこにでも自由に行く、あるいは行かないことができます。その裏返しとして、公権力が恣意的に、特定の人をかって に捕まえることは、絶対に許されません。

国内・海外も含め、どこにでも自由に行くことができるというのは、いまの世の中では当たり前のことですが、とても大切な権利で「移動の自由」として憲法で保障されています。一方で、「人身の自由」とは、身体を拘束されない自由のことで、戦前・戦中に、憲兵らによる恣意的な逮捕や拷問による自白の強制など、多くの人権侵害が行なわれたことへの反省から、憲法は、刑事上の捜査、裁判、科刑について、国家機関が従うべき詳細な定めを置いて、警察や検察がかってな振る舞いをできないようにしています。

その基本原則は、「適正手続」と「無罪の推定」です。法律の定める手続によらない限り、誰しも身体の自由を奪われず、刑罰を科せられませんし、いかなる行為が犯罪となり、それに対していかなる刑罰が科されるかについては、事前に法律で定められなければなりません（罪刑法定主義）。これらの法律については、内容の適正も要求されています。また、裁判で有罪が確定するまでは、捜査の対象とされている被疑者や裁判中の被告人は、あくまで無罪の推定を受けます。このようにして、憲法は、被疑者及び被告人の権利を守り、刑事手続の過程における国家権力の濫用を防ごうとしています。

そのための具体的な方策として、捜査機関は現行犯逮捕の場合を除き独断では逮捕ができず、必ず裁判官の許可（令状）が必要とされています。また逮捕後に引き続き身体を拘束されるときには、その理由の告知を受ける権利と、弁護士に自分の弁護を依頼する権利などが保障されています。さらに起訴後は、秘密裁判は絶対的に禁止され、公平で迅速な公開裁判を受ける権利が保障されています。そして、捜査でも公判の段階でも、自白の強要を防止するために、黙秘権が保障されています。

しかし、無実の者を誤った裁判により有罪としてしまう冤罪《えんざい》は、なくなっていません。その大きな要因として、捜査機関である警察自らが、被疑者を警察の留置場で拘束・管理する代用監獄が認められていることや、長時間にわたる密室での違法・不当な取調べによる自白の強要が挙げられます。これらの点については、国際的にも疑念が示され、国連機関は何度も、日本政府に対し、代用監獄の廃止・制限とともに、取調べの全過程を録画（可視化）するよう勧告しています。

Q 2-7 男女平等はどのように守られていますか？

A 憲法は、性別による差別を禁止するとともに、家庭生活における「両性の本質的平等」を保障しています。

いわゆる女性差別は、社会が長い歴史の中で作り出してきた構造的な差別の一つで、近年、個別法や政策によって少しずつ是正される過程にあるといえます。実際、社会の意識も、「女性は結婚したら仕事を辞めて家庭に入るべきだ」といった固定観念から解放されつつあり、結婚のスタイルや育児や家事の分担も、さまざまな形がみられるようになってきています。

男女平等を実現するための国の具体的な取り組みとして、男女雇用機会均等法や男女共同参画社会基本法といった法律もでき、改正が重ねられてきました。２０１０年に策定された第３次男女共同参画基本計画では、「政策・方針決定過程への女性の参画の拡大」や「男女共同参画の視点に立った社会制度・慣行の見直し、意識の改革」など、15の重点分野が定められています。こうした国内法や政策の整備は、日本が１９８５年に批准した女性差別撤廃条約の後押しを受けた結果でもあります。この条約は、男女の完全な平等の達成を目的として、女性に対するあらゆる差別を撤廃するために適切な措置をとることを求めており、日本の男女平等政策の指針となっています。

このように、男女平等の実現に向けた取り組みが行なわれてはいますが、現実には、法制度、社会・経済構造、教育、家庭内など、社会のあらゆる場面で、性別に起因する差別や不平等、固定的な役割分担が、いまも根深く存在しています。たとえば国会議員に占める女性割合は、その国の女性の活躍の度合いを示す指標の一つとされていますが、世界各国の女性国会議員（二院制の国では下院）の比率の平均は、2013年4月現在で約2割であるのに対し、日本では、2012年12月に行なわれた衆議院議員選挙で当選した女性の比率は1割にも達していません。これを順位で見ると、日本は189カ国中161番目に相当し、女性の政治への進出が著しく遅れていることが分かります。

このような実態を踏まえて、国連機関から日本政府に対し、女性が衡平に政治的・公的活動に参画する機会、及び均等な雇用機会を確保するための制度を導入するよう勧告が出されています。こういった男女の事実上の平等を促進するための取り組みは、ポジティブ・アクションと呼ばれ、諸外国では、議員や企業の管理職といった限られた数のポストのうち、一定の割合を女性に優先的に割り当てるなどの方法（クォータ制度）が採られたりしています。もっとも、ポジティブ・アクションは、行き過ぎると「逆差別」の問題を生じるので注意が必要ですが、社会的・構造的な差別によって不利益を受けている女性に対して、機会の平等を回復し、実態に応じた合理的な平等を実現するまでの暫定的な措置である限り、容認されるべきといえるでしょう。

ほかにも、日本の法制度について、婚姻年齢が男女で異なったり、再婚禁止期間が女性のみに課せられたりしていることや、夫婦に別姓の選択がなく事実上、女性が改姓を強いられていることなど、世界の潮流から「遅れている」と見られていることが少なくありません。いずれの点についても、国連機関から是正の勧告がなされています。

Q 2-8

外国人にも基本的人権は保障されますか?

A 外国人にも権利の性質上許される限り、等しく保障されます。

権利の性質上、外国人に保障されない権利としては、参政権（選挙権・被選挙権、公務就任権）、社会権、入国の自由が挙げられることが一般的です。

このうち選挙権・被選挙権については、国民が自分の国の政治に参加する権利であり、国民のみに認められると考えられてきました。もっとも、国政と地方政治とは分けて考えることができ、最高裁判所は、住民の生活に密着した地方自治体レベルでは、定住外国人に法律で選挙権を与えることは、憲法で禁止されていないと判断しています。また、公務就任権について、国の政策に影響を及ぼすところの少ない調査的・教育的な職務などは、定住外国人にも道を拓くべきとの主張もなされています。一定の職種に限って外国人を採用している地方自治体もあります。しかし実際のところ、法律上の根拠がないまま、一律包括的に外国人が広く公務から排除されているのが実態です。

このほかにも、政策上、公的機関による国籍差別が数多く残っている実情があります。日本では皆《かい》年金制度が実施されていますが、一定年齢以上の外国人高齢者・障がい者は、無年金のまま放置されています。生活保護についても、外国人をその対象とする運用がなされてはいますが、法律上の権利としては認められておらず、自らその給付を求めることはできません。さらには、外国人学校への補助金などの交付についても、朝鮮学校に見られるように、行政の政治的な判断によって打ち切られるなど、「差別」的な取り扱いがなされています。

このような実態を受けて、国連機関から日本政府に対し、年金制度からの排除や朝鮮学校への資金援助に関する問題のほか、研修・技能実習制度の下での労働関係法令違反や人権侵害の横行、人身取引、難民庇護申請者に対する処遇などについて、改善の勧告が出されています。

こういった日本の状況とは対照的に、北欧では、移民に対して母語による教育を受ける機会の保障やその支援がなされています。一足飛びにそこまでは求めないとしても、さまざまな人が暮らし、多様な価値観があふれる現代の日本社会において、多民族・多文化の共生を実現し、民主主義国家として成熟をはかるため、外国人の人権保障を社会全体で実現・充実させることが必要とされています。

Q 2-9

子どもに基本的人権は保障されているのですか？

A 憲法は、子どもを含む市民の基本的人権を保障しています。しかし、子どもに関わる法律や政策は、子どもを必ずしも人権の主体として捉えておらず、その権利を保障し充足するという観点が不十分といえます。

子どもは、未完成の大人として保護の客体として扱われ、独立した権利主体として捉えられてきませんでした。憲法で子どもの基本的人権が保障されている今日でも、個別の法制度に目を向ければ、子どもはあくまで保護の対象であって、権利を有する人間として主体的にその権利の保障がはかられているとはいえません。

具体的にみると、未成年の保護更生をはかるものとして少年法がありますが、少年は未成熟であり、矯正教育などによって更生し得る存在として、大人とは異なる処分や保護が与えられている反面、その権利を守るための仕組みは限定的です。

例えば、刑事手続では、被告人の権利を保障するため国費によって弁護士の支援を受けられる国選弁護制度が整備されており、成人の刑事裁判所での弁護人選任率はほぼ１００

パーセントです。これとは対照的に、少年事件では、少年鑑別所に収容され身体を拘束されている少年であっても、国費によって弁護士の支援を受けられる国選付添人の選任対象となる事件は、一定の重大事件に限られています。このため、弁護士付添人の選任率は約50パーセントにしか過ぎません。

また、子どもを対象とする主な法律に児童福祉法がありますが、これも子どもを保護の客体として、あくまで福祉や恩恵を与える視点で捉えており、子どもを独立した人権の主体として、その権利を保障する観点で捉えているとはいえません。

確かに、子どもは、成長発達する過程にあるため、成人とすべて同じに扱うことはできず、特別の制約を受ける場合があります。財産に関わる処分では、子ども自身のことではあっても保護者の同意が必要とされるなど、個別の法制度の中で制約が定められています。しかし、だからといって、子どもの権利の主体性が否定されるわけではありません。むしろ、成長発達段階にある未熟さの故に、独立した人権の主体としてその権利を保障しなければ、大人あるいは社会制度によって、その基本的人権が容易に侵害され得る存在であることにこそ、目を向けるべきでしょう。

こうした観点を踏まえてできたのが、子どもの権利条約です。日本はこれを1994年に批准しました。条約では、子どもを大人と違う独立した権利主体として捉えた上で、子どもの最善の利益を確保するため、子どもの生きる権利、成長し発達する権利、親に養育される権利、教育への権利、社会保障への権利、子ども自身に影響を及ぼすすべての事項についての意見表明権などを定めています。しかし日本では、これらの権利を具体的に実現するための制度整備が遅れており、国連機関から日本政府に対して、子どもの権利に関する包括的な法律を制定することや、条約と法制度とを完全に適合させるよう、勧告が出されています。

子どもの権利を保障することで、子どもがわがままになるという批判もあるところですが、むしろ成長発達段階にあるための未熟さが、権利の主張や行使にあたって出てくるのは当然でしょう。それを頭から否定するのではなく、子どもを権利を有する人間として尊重し、社会の重要な構成員として応援しサポートするのが大人の役割といえます。子どもの権利は、大人の権利の枠組内にとどまるのではなく、子どもの権利条約に明記された豊かな内容を持つものとして理解することが大切です。

Q
2-10

「新しい人権」とは何ですか？

A 守られるべき人権は、時代とともに変わっていく面があります。憲法制定時に予想されておらず、その後の社会の変化によって保障が求められるようになった権利のことを、一般に「新しい人権」といいます。

憲法の人権規定は、歴史的に国家権力によって侵害されることの多かった重要な権利・自由を列挙したものなので、すべての基本的人権が個別具体的に憲法に明示されているわけではありません。そこで「新しい人権」として、これまで、プライバシー権、知る権利、環境権、日照権、静穏権、嫌煙権、平和的生存権などが主張されてきました。このうち、憲法上の人権として保障されるものはどれでしょうか。「新しい人権」は、どのような段階に至った場合に、憲法上の権利になるのでしょうか。

これについては、さまざまな議論がありますが、安易に「新しい人権」を憲法上の権利として認めてしまうと、「人権のインフレ化」（人権の安売り）を引き起こし、それぞれの権利をきちんと守るというより、さまざま権利を守ろうとするあまり、広く浅く守るという結果を招いてしまい、ひいては人権保障全体の水準が低下してしまいかねません。そこで、「新しい人権」を限定し、社会の変化に伴って、ある利益を人権として保障していかなければならない状態になったとき、つまりはその利益が、すべての個人の人格的生存に不可欠な基本的な権利・自由として特定され、保護に値すると社会で考えられるようになったときに、はじめて憲法上の権利として保障されるという考え方が有力です。

一方で、「新しい人権」は、現在ある憲法の解釈を通じて保障できるものであり、もし十分に保障されていないとしたら、立法・行政・司法の国家権力が、それを実現する努力を怠ってきたからだともいえましょう。むしろ、これまでの政府は一貫して、「新しい人権」を認めることには消極的で、例えば情報公開法の中核的な考え方である「知る権利」を、法律に盛り込むことに反対してきた経過があります。もし「新しい人権」が国民にとってかけがえのない基本的人権であるとするなら、憲法の規定に盛り込む前に、それを個々の法律や政策の中で実現するのが先決といえるのではないでしょうか。

また、今日の「新しい人権」要求の特徴の一つは、人権を認める代わりに義務を強化するという考え方とセットで語られることです。人権はあくまで国が与えるものではなく、人である限り当然に有する権利なのですから、権利を与えるからしかるべき代償を国に払うように、との理屈は成り立ちません。その点にも十分な注意が必要です。

Q 2-11 プライバシー権とは何ですか？

A 伝統的には「そっとしておいてもらう権利」、「私生活をみだりに公開されない権利」として理解されてきました。行政や企業による個人に関する情報の収集・集約化が進む現在では、「自己に関する情報をコントロールする権利」を含むものとして、プライバシーの保護を積極的に請求していく側面が重視されています。

近年の情報通信技術の発達は目覚ましく、誰もが容易に膨大な量の情報を収集・蓄積し、利用できるようになりました。コンピュータの広汎な利用とネットワーク化で私たちの生活はとても便利になりましたが、その反面、個人に関する情報が国境をも超えて瞬時に拡散する危険や、他者によって知らぬ間に収集・利用される危険も増大しています。

このようななか、2003年に個人情報保護法が制定され、個人情報を取り扱う民間事業者に対する自己情報の開示や訂正・利用停止を求める権利などが定められています。一方、公的部門が保有する個人情報に関しては、行政機関個人情報保護法や個人情報保護条例などが制定されました。これらの制度は、個人情報の保護をはかるために整備されたものですが、その根底にはプライバシー保護の考えがあります。

もっとも、個人情報とプライバシーは概念として異なります。ここでいう個人情報とは、特定の個人を識別できる情報（氏名、生年月日、ＩＤ番号など）をさし、個人の秘密に関する情報や私的な情報に限定されていません。その保護の対象となるか否かの判断に情報の内容や性質は考慮されないため、制度上は、氏名と住所のみの名簿も、医療に関わるセンシティブな情報も同じように扱われます。一方、プライバシーは、私生活上の事実または事実らしく受けとられる事柄、一般人の感受性を基準にして通常公開を欲しないと考えられる事柄、一般の人に知られていない事柄、のすべてを満たすものであるとか、個人が他者により知覚されることのない存在・生活状態である、などと考えられています。

したがって、個人情報およびプライバシーのいずれも、個人に関する情報ではあるものの、前者は、その保護対象が形式的に定まるのに対し、後者は、何がプライバシーに当たるかは個人によって異なる可能性がある上に主観的判断も入ることから、その保護対象は形式的には定まりません。

昨今、私たちの社会では監視カメラの設置が急速に進んでおり、街の至る所で目にします。その目的は主に犯罪の防止とされ、公益上必要なものとして推進されていますが、それは市民がいつどこにいるのかを記録するシステムです。政府は、監視カメラの映像について、特定個人が識別可能な場合を除き個人情報にはあたらないと解釈していますが、現在の監視カメラは、画像をデジタル情報として収集し、ハードディスクに保存する形態がほとんどですから、顔認識システムによる特定の人物の検索・照合は容易です。警察などの公権力が、監視カメラの映像と顔認識システムとを結びつけ、私たち一人ひとりの行動をデータ化し、保存・利用するおそれもないとはいいきれません。

このように、現実の社会生活の中で、個人に関する情報は、個人情報とプライバシーとが混ざり合っています。また実際に、ひとたびインターネット上で公開された情報が拡散され、本人の意思に反して公開され続けたり、個人の情報が二次利用、三次利用されたりもしています。こうした状況に対し、欧州連合（EU）では、個人情報・プライバシーを守るための権利として、「忘れられる権利（the right to be forgotten）」（インターネット上の個人データの消去及びさらなる流通を停止させる権利）が提唱され、法制化に向けて動きが進んでいます。個人情報及びプライバシーを保護するための新たな視点として、参考になります。

Q
2-12

死刑はなぜあるのですか?

A

死刑制度の是非については議論が続いています。ただし現実として、日本では継続的に死刑が執行されていますが、世界的にみると廃止もしくは執行停止した国が多数です。

死刑制度に賛成の立場からは、人の生命を奪った者が自らの生命を奪われるのは当然である、被害者遺族の感情を考えれば死刑は必要である、死刑の威嚇《いかく》によって犯罪を抑止することができる、世論は死刑の存続を望む声が多い、などの理由が挙げられています。また、最高裁判所も、死刑制度について憲法の禁止する残虐な刑罰に一般に直ちに該当するとは考えられないと判断し、これを容認しています。

これに対して、死刑制度に反対の立場からは、人権保障の観点からたとえ国家であっても生命という究極の価値を奪うことは許されない、誤った判決の場合に取り返しがつかない、死刑に犯罪抑止の効果は実証されていない、死刑廃止は世界的な流れである、死刑は残虐で非人道的な刑罰である、などの理由が挙げられています。

世界をみると、2012年現在で、死刑を法律上または事実上廃止している国は141カ国、死刑のある国は57カ国です。なお、同年1年間で死刑を執行した国は21カ国に過ぎないとされ、中国、イラン、イラクなどと並び、日本は上位10カ国に入っています。日本では、2012年に7人の死刑が執行され、年末時点で確定死刑囚の数は133人です。また、死刑廃止条約が1989年の国連総会で採択されましたが、日本はこれを批准していません。さらに2007年及び08年の国連総会では、死刑存置国に対し、死刑執行の停止（モラトリアム）を求める決議が採択されています。これらを受けて日本政府に対し、「死刑執行の即時モラトリアム及び減刑のための措置を採ること」や、「世論調査の結果にかかわらず、死刑の廃止を前向きに検討し、必要に応じて、国民に対し死刑廃止が望ましいことを知らせるべき」などとする勧告が出されています。

死刑を維持するか廃止するかの選択は、私たちがどんな社会に住みたいと願うかという、社会を支える価値の選択でもあるでしょう。裁判員制度が始まり、市民が死刑の判決言い渡しの判断にまで関わることを求められるいまこそ、国は死刑に関する情報を広く公開し、死刑の是非について社会全体で議論を深めていくことが必要です。

3

社会保障

Q3-1　社会保障制度は何のためにあるのですか？

Q3-2　社会保障は誰にでも平等に保障されているのですか？

Q3-3　生活保護は何のためにあるのですか？

Q3-4　障がい者（児）は無条件に社会保障で支援されるのでしょうか？

Q3-5　社会保障と税制改革のために番号制度が必要といわれていますが、それはどのようなものですか？

Q3-6　財源が不足してくると、社会保障の仕組みはどうなるのですか？

Q3-7　どうして保育所（園）に入れない待機児童が出るのですか？

Q3-8　虐待にはどんな対応がされていますか？

Q3-9　災害時に国はどこまで被災者を支援してくれますか？

Q 3-1

社会保障制度は何のためにあるのですが？

A **社会保障制度とは、病気やけが、老齢、障害、失業など個人や家族だけでは解決の難しい生活上の問題・課題が起こったときでも安心して生活ができるよう、税や保険料などによって支えあう仕組みです。**

社会保障制度は、人の健康といのちを守り、個々の事情・状況に応じて人々の生活を支えるための社会インフラであり、どのような支援を行なうかは国や社会の経済的な負担能力にもよるため、経済成長とともに整備が進み、社会の成熟度が反映される傾向にあります。

社会保障制度の考え方には、政府の責任での支援は最小限にし、自助と市場の競争下でのサービスを中心とするもの（小さな政府・低福祉低負担）と、自助を基本としつつも政府の責任のもとで仕組みをつくり、支援・サービスを維持していくもの（大きな政府・高福祉高負担）とがあります。両者は、自由な競争が社会の成長をもたらすので個人や家族の生活も安定するという社会を目指すのか、それとも個人や家族の生活の安定を政府が保障することで現在だけでなく将来も人々が安心して社会参加することを目指すのか、という社会像の違いを表わしているといえます。

では、日本の社会保障制度はどういう方向を目指しているのでしょうか。

現在の社会保障制度には、保健・医療（医療保険・健診など）、社会福祉など（子育て支援・障がい者（児）支援・介護など）、所得保障（年金・生活保護）、雇用（就労支援・失業給付・労災保険など）の各分野で、ライフサイクルの各段階と個別の事情・状況に応じた支援の仕組みがあります。

１９４６年に生活保護法が制定され、１９４７年に失業保険法、１９４９年に身体障害者福祉法、１９５１年に社会福祉事業法が制定され、１９６１年には国民皆年金・皆保険制度が確立するなど、戦後に社会保障制度の基本的な枠組みが作られました。これらは何度も改正され、さらに社会の変容に応じてさまざまな社会保障制度が整備されて現在に至っています。

これらの仕組みの基本的な考え方は、自助・共助・公助です。生活は自らの責任と努力で営むことを基本（自助）としつつ、自助努力で解決できない生活上のリスクは相互の支えあいで生活を保障（共助）し、それでもなお生活に困窮する人には最低限度の生活を保障（公助）するとされています。中でも重視されているのが、共助です。

2012年に成立した社会保障制度改革推進法は、改革の基本として自助・共助・公助の組み合わせを重視し、特に自助による生活の実現のための共助の仕組みを支援することをあげています。課題になるのは、ともに支えあう共助の仕組みを、誰の責任の下で作り上げていくのかということです。日本は少子高齢化社会を迎え、社会保障にかかる負担増への対策として社会保障制度改革が行なわれてきました。その中で、直接的なコストとして表われない家族や地域社会の共助を重視すると、家族としての責任や善意に委ねた支えあいとなります。結果的に、人々の生活の安定を誰が責任を持って支え、どのように保障していくのかが曖昧となり、将来にわたる生活の安定が見通しにくい状況になっています。

Q 3-2

社会保障は誰にでも平等に保障されているのですか？

A 社会保障制度は、支援の対象となる個人や家族の基準を作り、その基準に当てはまる個人・家族を対象者として支援をする仕組みです。

社会保障は、自助だけでは解決できない生活上の問題・課題を制度として支援するもので、保険料の徴収や税の投入の根拠となる法律などの制度があります。年金や医療保険が、皆年金・皆保険制度であるのは、所得の有無や高低に関わらず、いのちや健康に関わることについて最低限の平等を保障するためです。

しかしながら、低所得者層が増加しているいま、医療保険や年金の保険料の未払い者が増加しており、支えあいの仕組みに入ることのできない人が増えている問題があります。低所得者は、生活保護受給者となれば全額公費で基本的な生活の支援が受けられますが、さまざまな事情で生活保護受給に至っていない場合、基本的な社会保障の枠組みからこぼれ落ちてしまいます。自助を重視すると、保険料が支払えない低所得者層は個人の努力が足りないことを問題視されますが、一方で、低所得者層の増加は個人の責任だけでなく、社会制度による不平等という側面があります。このような中で、いのちや健康に関してどこまで最低限の平等を保障するのかが、社会保障制度の整備では問われます。

また、制度の整備は、自助では解決困難な生活上の問題・課題を発見し、支援が必要と受け止めることが第一歩になります。例えば、家族の形態が多様になり、ひとり親家庭も増えています。その中で、母子家庭に対しては生活資金の貸付、就労などの支援、児童扶養手当、生活保護費の加算などさまざまな支援が制度化されてきましたが、同じひとり親家庭でも父子家庭に対する支援は、ほとんどなされてきませんでした。父子家庭が社会保障で支えるべきものとしてとらえられてこなかったからです。また、国が難病指定した疾患については医療費の助成制度が適用されますが、同じ難病でも指定されていなければ助成はありません。

社会保障制度は、政策課題として把握されそれを支援する仕組みが整えば、条件にあう人は原則として平等に支援が受けられます。しかし、支援する課題として認識されない、あるいは認識されても支援の仕組み作りが行なわれないと、困っていても支援が受けられないという不平等さがつきまといます。この選択には政治的な判断も含まれるため、どのような社会のあり方を目指すのかという政治の方向性が、社会保障制度には大きく影響するといえます。

Q
3-3

生活保護は何のためにあるのですか？

A **生活保護は、資産や能力などを活用してもなお、経済的に困窮している人に対して、最低限度の生活を保障するため、生活費、家賃、医療費などを支給する仕組みです。**

生活保護制度は、「すべての国民は、健康で文化的な最低限度の生活を営む権利を有する」という、人権としての「生存権」を具体化したものです。「健康で文化的な最低限度の生活」がどの程度の水準を指すのかは、過去にさまざまな裁判例があり争われてきました。ただ、「健康で文化的」とされていますので、生命の維持に必要な食住が最低限まかなえればよいという程度ではなく、人間が尊厳を失わずに生活できるという、生かされているのではなく主体的に生きることを支援することが、人権保障の観点からは求められます。

生活保護法は、戦後間もない1946年に制定され、1950年に大幅に改正されて現在の基本的枠組みができました。「持てるものと持たざるもの」の格差が拡大し、社会制度の隙間にこぼれ落ちて経済的に困窮する人への最後の救済手段です。就労が可能な生活保護受給者に対しては、自立に向けた就労などの支援なども合わせて行なわれます。生活保護費の支給限度額は、住んでいる地域、世帯の構成などによって異なります。

しかし、現実には生活保護費の水準以下で生活をしている低所得者層が増大しています。非正規労働者の増加や、生活保護水準を下回る最低賃金の設定や年金支給額などがその背景にあります。こうした中で、近年は、厳しい経済状況で生活をしている人への支援を充実させたり、それを是正する社会政策を行なうのではなく、申請手続を厳格化したり、生活保護の水準を引き下げて低所得者層との差異を縮小しようという議論が行なわれるなど、生活保護受給者に対するまなざしが厳しくなってきています。

低所得者層の所得水準にあわせて生活保護を切り下げることは、「健康で文化的な最低限度の生活」の水準の切り下げです。低所得者層への支援もそれに合わせた水準になります。結果的に、子どものいる世帯は子どもへの十分な教育機会が提供できないなどから、貧困の再生産の原因となります。また、年金は所得に応じて保険料と将来の受給額が決まるため、低所得者層への対策を行なわないと、老齢期に入った時に年金だけでは生活できない潜在的な生活保護受給者となり、社会全体の負担が増すことになります。

「健康で文化的な最低限度の生活」の保障は、生活保護だけでなく、所得保障のための社会政策の基本として位置づけ、雇用政策、年金政策などとあわせて取り組む必要のある課題です。

Q
3-4

障がい者（児）は無条件に社会保障で支援されるのでしょうか？

A

障がいの状況や状態はさまざまで個人差があり、必要な生活や成長・発達、就労の支援は異なります。社会保障制度では経済的な支援を中心として、個別の状況に応じて直接的な支援が行なわれることになります。

障がい者（児）に対する支援は、社会保障制度の中に組み込まれた障がいの等級によって異なり、また種類によっても支援の範囲が異なります。「障がい」には、法律上の定義では身体障がい・知的障がい・精神障がい・発達障がいがあり、また先天的な障がいと後天的な障がいがあります。支援対象として認識される「障がい」も時代とともに変化し、発達障がいや高次脳機能障がいは最近になって支援の対象となりました。

障がい者（児）として支援を受けるためには、障がい認定を受けて等級が決まり、手帳の交付を受けることが前提となり、等級によって障がい年金の支給金額が異なったり、利用できるサービスの範囲が異なります。ただ、本人や保護者などからの申請が、認定とその後の支援の前提となります。そのため、軽度の知的障がいや発達障がいの場合、生活する上での困難さを感じつつも、障がいとして認識されずに支援につながっていない場合や、精神障がいの場合は就労に不利になることを懸念して、あえて認定を受けないこともあります。

障がい者（児）に対する社会保障の仕組みは、長らく親・家族が介助・介護することを基本にして、権利保障というよりは恩恵を施すという観点での施策の展開が中心でした。結果的に、障がい者（児）の存在を権利主体としてとらえる認識が不足し、就学問題、就労問題、学校・入所・通所施設や就労の場での深刻な人権問題などが根強くあります。

社会保障制度は、個人で解決が困難な生活上の問題・課題を支援することを基本としており、それは障がい者（児）に対しても同じです。しかし、例えば就労では、就労支援や企業に対する障がい者雇用の義務付けなどの制度がありますが、それだけでなく周囲の理解という制度外のことも必要になります。障がい者（児）の支援には、制度と社会的理解の両面が必要といえます。

近年、障がい者が自治体や国の障がい者政策づくりに直接参加をする場面が増えてきました。こうした積み重ねが、社会環境を変えていく原動力になっています。国連で障害者権利条約が採択され、日本政府は将来的な批准の意思表示をしています。障がい者が単にきめられた範囲の恩恵を受けるだけの存在ではなく、権利主体としての視点が政策に反映されつつある時代になってきたといえます。

Q 3-5 社会保障と税制改革のために番号制度が必要といわれていますが、それはどのようなものですか？

A 「番号制度」は、税、年金、健康保険など事務ごとにつけられている番号を共通化して、所得の正確な把握による税の公正な徴収と、社会保障の的確な給付を行なうことを主な目的としています。

２０１１年から始まった社会保障と税の一体改革とは、このまま急速な少子高齢化が進むと２０５０年には高齢者１人を現役世代ほぼ１人が支える社会になるため、膨らむ社会保障の財源確保と財政再建を同時に実現するための一連の改革です。この改革を行なう上で不可欠なものとして検討されてきたのが、番号制度です。番号が利用されるのは、年金・医療・介護保険・福祉・労働保険・税務・その他の７分野の行政手続で、将来的には利用分野の拡大や、民間での利用なども念頭に置かれています。

番号制度によって変わるのは、手続や個人情報の流れであり、社会保障制度そのものではありません。現在の方法は効率が悪く間違いも起こるので、社会保障制度に関連する個人情報を、番号を使って連携させれば効率的になることが、この制度の利点として説明されています。また、より正確に所得が把握できるので、低所得者などの社会保障の支援対象となる個人や家族に必要な情報提供が、これまで以上にできるとされています。

しかし、あちこちにある社会保障や税に関する個人情報を番号で連携させることで、個人情報を寄せ集めることも簡単にできてしまいます。また、ネットワーク上で個人情報がやり取りされますので、個人情報の大量漏えい・流出が懸念され、さらに民間利用など利用範囲が広がれば、番号に関連する個人情報が民間でも大量に蓄積・利用される可能性があります。番号によって、個人の消費行動が追跡できるような社会になるかもしれません。

さらにいうと、ここで利用される個人情報とは、社会的弱者に関わる情報です。社会保障制度は、弱みを行政などにさらして社会的な支援を受けるという側面があり、慎重に取り扱われるべき個人情報で、間違えば人権侵害につながりかねないものです。また費用対効果として、番号制度の導入コストに見合う経費などの削減効果があるのかどうかを疑問視する意見もあります。

政府は番号の利用範囲も法律で定め、個人情報の利用状況の一部は本人でも確認できるようにしたり、個人情報の適正管理、安全管理の徹底などの保護対策を法的にも取るので、問題ないとしています。しかし、プライバシー侵害の懸念を残しており、また社会保障制度の持続可能性や充実に本質的につながるわけではないので、さらなる議論が必要です。

Q 3-6 財源が不足してくると、社会保障の仕組みはどうなるのですか？

A 財源は無尽蔵にあるわけではありませんし、主な支出である年金や医療保険、介護の支出を今の制度のまま削減することには限界があるので、社会保障制度のあり方そのものの見直しが必要になります。

社会保障費の大半を占めるのが、年金・医療・介護など高齢化とともに必要になる支出です。今後も高齢者人口は増加し続けますが、一方で少子化の進行で現役世代が減っていくため、放っておくと財源は枯渇して立ち行かなくなります。

2010年から税と社会保障の一体改革が検討され、安定財源の確保と財政再建を同時に実現するとして、消費税の増税、社会保障制度の見直しなどが行なわれてきています。しかし、増え続ける社会保障費を前に、増税の効果は永続的ではありえません。今の仕組みのままでいくと、年金の支給開始年齢の引き上げや支給額の切り下げ、医療・介護の本人負担増など、社会保障支出の削減がより強く進む可能性があります。

高齢化は経済成長や医療の充実などが支える豊かさの象徴ともいえますが、少子化は、子どもを産み育てることへの経済的不安など社会政策の貧困を象徴しているといえます。社会保障制度は本来、個人や家族が安心して生活するためのものですが、それが老後の不安や今の生活への不安の原因になってしまっています。私たちが安心して生活し続けられる社会保障制度とはどのようなものか、という社会像の共有ができていないともいえます。

現在行なわれている社会保障制度改革は、自助・共助・公助の最適な組み合わせ、家族や国民相互の助け合いの仕組みの支援という視点からのものです。社会保障費の支出の抑制を進めると、削られた分は自分で何とかしなければならない「自助」を強く求める方向の制度改革になります。しかし、雇用環境の変化により非正規労働者と低所得者層が増加し、自助だけでは生活維持が困難な層は確実に増えています。将来に備えるという自助努力は難しく、潜在的な生活保護受給者となります。雇用環境の変化は、収益や競争力の維持という企業のニーズや、人件費を減らしたい政府・自治体のニーズにはマッチしているものの、結果的には将来的な負担増という次世代へのつけ回しをしていることになります。このような状況は個人にだけ責任を求める問題ではなく、社会政策の問題です。

現在も将来も安心して生活できる社会環境とはどのようなものかという、社会の仕組みそのものを見直す視点がないと、増大する支出への対策をしなければ財政がもたないという、数字合わせのためだけの改革に陥ります。

Q 3-7

どうして保育所（園）に入れない待機児童が出るのですか？

A **子どもが生まれた後も仕事を続ける女性が増え、共働き世帯が増加しているのに対し、保育所への入所希望者の増加に保育所の整備が追いついていないためと、保育所の年齢別の定員と入所希望者の年齢層のミスマッチにより、定員に空きが出るのを待たざるを得ないのが待機児童問題です。**

１９９７年以降、共働き世帯が専業主婦世帯を上回っています。育児休業制度により、出産を機に離職をせずに働き続けやすくなっただけでなく、雇用の不安定化や給料水準の低下、将来への不安などから、共働きをする家庭が増えています。特に都市部で保育所への入所希望が増加していますが、対応が後手に回ったため施設の整備が間に合っていません。また、育児休業後の復職のためには、多くの場合0歳児から1歳児で入所を希望することになりますが、乳児期の子どもの保育にはより多くの保育士の配置などが必要で、定員も3歳児以上に比べて少ないのです。そのため、3歳児以上は定員に余裕があっても、特に1歳児の待機児童が大量に出てしまうという、ミスマッチが起こっています。

3 社会保障

保育所に入所できないと、復職できなくなったり、あるいは経済的に共働きをしないと生活苦に陥るなど、家庭生活にも将来設計にも多大な影響が及びます。市町村の公立保育所や認可保育所などに入所できない場合は、入所できるまでの間、無認可保育所に子どもを預けたり、あるいは祖父母に預けるなど、何とか子どもの預け先を探すことになり、それが見つからないと離職せざるを得なくなります。

また待機児童数は、２０１２年10月現在で全国に約４万６千人と政府から発表され、それに対する対策が急がれています。しかし、「待機児童」とは、①保育所の入所申込書が市町村に提出されている、②入所要件に該当している、③実際に入所していない、という要件で定義されており、待機児童が出ているのを見て入所をあきらめている層は考慮されていません。政府推計では、潜在的待機児童数は85万世帯分とされています。

待機児童問題を解決しないと、子どもを産み育てることが生活不安や将来不安の原因になってしまいます。子どもを産むことが生活のリスクととらえられれば、少子化は止まりません。２０１０年に策定された「子ども・子育てビジョン」に基づく子育て支援制度により、１兆円をかけて保育施設の定員枠を40万人増やすとしています。しかし、これでも潜在的待機児童数には及びません。安心して子どもを産み、育て、仕事ができる環境を保障する社会の仕組みの整備が期待されます。

Q 3-8 虐待にはどんな対応がされていますか？

A 制度として虐待防止と対処が行なわれているものには、子ども・高齢者・障がい者に対する虐待があります。さらにＤＶ（家庭内暴力）も一種の虐待で、被害者の保護などが制度化されています。

これらは深刻になると生命の危険を伴いますので、身体の保護とともに、安全に生活できる施設などの居場所を確保して虐待が起こっている環境から引き離し、保護に至らない場合も虐待が深刻にならないよう支援・指導を行ないます。また、虐待の早期発見のため、子ども・高齢者・障がい者に関しては通報窓口が整備されています。

日本では、虐待の防止と対処のために、児童虐待防止法（2000年施行）、高齢者虐待防止法（2006年施行）、障害者虐待防止法（2012年施行）の3つの法律があります。また、家庭内暴力に関してはＤＶ防止法（2001年施行）があります。虐待は、家庭内や施設内など閉ざされた環境で起こるため表面化しにくく、また周囲が気づいたとしても介入しにくいので、長らく十分な対策がとられてきませんでした。しかしながら、虐待による死亡事件や深刻な被害の実態が明らかになる中で、既存の法制度に加えて、虐待防止のための法律がいずれも議員立法で制定され、市町村や関係機関の役割や権限、早期発見のための通報・相談窓口の整備がすすめられてきました。

虐待というと身体的虐待を想像しがちですが、ほかに心理的虐待、性的虐待、ネグレクト（養育放棄）、経済的虐待（子どもを除く）があります。加えて、DVでは社会的隔離を虐待行為としています。身体的虐待は、痕跡がときには人目に触れるところに残るので、比較的発見されやすいものです。しかし、心理的虐待、性的虐待、ネグレクト、経済的虐待は、相当深刻にならないと確証しにくく、虐待されている本人が自ら被害を訴えないと、発見が遅れる傾向があります。DVの場合、被害者が暴力から逃げればよいと簡単に考えがちですが、支配関係にある中で自らを被害者と認識できていないことがあり、また合理的な行動を起こすことが困難な場合もあります。これらを踏まえた支援が必要です。

制度や仕組みは徐々に整えられてきましたが、まだまだ課題はあります。障がい者の虐待の場合は学校、精神障がいの場合は精神科病棟などでの虐待が発生していますが、これらの対策は十分ではありません。身体を保護した後の尊厳の回復や、子どもの場合は発達・成長の支援にも課題が残ります。さらに、子ども・高齢者・障がい者は往々にして意思を明確にする能力が十分に備わっていないと思われ、当事者の声に耳を傾けることを忘れがちです。そのため、虐待被害者の保護は制度化されていますが、人権救済を進める仕組みは未整備のままです。

また、加害者が虐待を加える背景には、虐待という行動を引き出す環境という要素もあります。一人で育児や介護・介助を行なう中で、孤立感や負担感から強いストレスを感じ、寛容性がなくなることもありますし、施設や職場での虐待は低賃金やストレスの多い労働環境、経済状況による不安とストレスなどを背景にしていることもあります。また、災害により生活基盤が損なわれた被災者の不安とストレスが、虐待や虐待予備軍を生じさせていることも課題になっています。虐待の早期発見と予防・対策を行なうとともに、虐待を生み出さない社会のあり方を考えることも必要です。

Q 3-9

災害時に国はどこまで被災者を支援してくれますか？

A 災害時の対応をどのように進めるかは、国・自治体の役割分担なども含めてある程度制度化されていますが、災害ごとに異なる必要とされる支援・救済の範囲・内容に柔軟に対応するものとはなっておらず、救済が十分でないこともあります。

災害によって失われたり損なわれた人のいのちや健康、住まいをはじめとした生活基盤に対し、金銭の給付・貸付・貸与、料金などの減免・猶予、住宅支援など、当面の生活支援と生活再建に必要な支援などを行なう制度があります。これらは、生活再建までの一時的支援が中心です。しかし、災害を想定して準備をしていたとしても、実際には想定範囲内とは限りません。同じ地震であっても、被災の規模や被災地の地理的条件は異なります。

例えば、東日本大震災は被災地が広域であり、地震と津波という二重の被災に加え、福島第一原子力発電所の事故という災害に見舞われました。地震と津波の被害は広範囲で、津波に被害を受けた地域では、元の場所にそのまま建物などを再建できず、仕事を失った人も多く、生活再建や復興までに長期を要します。さらに長期化し収束の見込みも立たない被災が、原発事故による放射能汚染です。人為的な災害であり、国や自治体の支援だけでなく、災害発生原因となった東京電力による賠償をベースに被災者救済が行なわれます。

このような事態を想定した制度化は不十分で、結果として被災者が支援・救済されないという問題が起こっています。被災の長期化、特に仮設住宅での生活の長期化は、生活の拠点が定まらないままに生活再建の努力を被災者に求めることになります。現行の被災者支援・救済では、一時的な支援や経済的負担の軽減が中心ですから、まちや生活の再建のための長期的な支援として、被災の状況に合わせた柔軟な対応が必要といえます。

また、原発事故の被災では、警戒区域や避難指示区域、自主的避難等対象区域の住民か否かで被災者に対する支援や賠償が異なるため、自主的避難等対象区域外から自主避難をする被災者が、自己負担で避難をしなければならないことも問題になりました。紛争解決の手続によって、区域外の自主避難者にも避難にかかる費用が賠償される例が出るなど、被災者自身の努力によって支援・賠償の範囲が広がりつつありますが、被災に加えて当事者が多くの労力を払わざるを得ない状況にあります。日本は災害が多い地理的条件に位置し、その中で原子力発電所のような事故に至ると危機的な状況に陥る施設も抱えていますので、被災状況に応じた弾力的で柔軟な支援が求められています。

4

財政

Q 4-1

国も自治体も多額の借金があるといわれていますが、このまま膨らむとどうなりますか？

A

借金で直ちに国が潰れることはありませんが、利息の支払いで税収の大半が消えてしまう状況になりつつあります。

２０１２年度現在、日本国の借金（長期債務）は約７３９兆円、地方自治体の借金は約２００兆円あります。特に１９９０年代以降の借金の増加は著しく、約５３０兆円も増えています。これは、90年代に公共事業関係費が増加したことに加え、一貫して高齢化などに伴う社会保障費が増加しているにもかかわらず、それに伴って増やさなければいけなかった税収はむしろ減少しており、その分を借金で賄っていることが原因です。

このことが重大な問題であり、すぐにも借金の残高を減らさなければならないのか、それとも大した問題ではないのかは、意見が分かれています。問題がないという主張の根拠は、国債や地方債購入者のほとんどが日本国民だからというものです。日本国が日本国民に国債を買ってもらうのは、お父さんが、へそくりをためていたお母さんからお小遣いを前借りするようなもので、褒められたことではないとしても、あまり重大な問題ではないという考え方があります。ここで、確かに、お父さんが前借りしたお金でスーツや仕事道具をそろえ、今までよりも高い給料をもらえるようになれば、最終的にお父さんは前借りしたお小遣いを返すことができて生活も裕福になります。

しかし、前借りしたお小遣いで飲みに行って無駄遣いしてしまった場合、あるいは無駄遣いでなくても、そのお金を日々のお昼代に使ってしまった場合には、いつまでも前借りしたお小遣いを返すことはできません。他人からの借金でないだけましかもしれませんが、前借りを繰り返せばお父さんが自己破産することはなくても家庭は崩壊してしまいます。

日本国においても同様です。日本国民から借金をして集めたお金を上手に使って国の発展や税収増につなげることができないまま、借金が大きくなりすぎれば、最終的に国民への利息の支払いができなくなったり、何らかの方法で借金の棒引きをしてもらわなければならなくなります。

事実、現在の日本では、国債の発行で集められたお金の大半は、将来に向けた投資ではなく、過去の借金の利払いと毎年の経費を賄うために使われています。たとえば２０１２年度は、約26兆円が社会保障費（医療費などの支払い）に、借金の利子の支払いなどに約10兆円が使われ、これで40兆円強の税収のほとんどが消えてしまっています。もしも今後、借金の利率が高くなることがあれば、税収のほとんどが利払いに消えることになります。

このように、毎年発生する国の費用を借金によって賄い続けることは、過去から現在の納税者を優遇し続け、将来世代の犠牲によって社会を運営することを意味しますから、若い世代ほど不利益を受けることになります。

国民が国債を保有し続ける限り、直ちに国が破綻するわけではありませんが、借金によって集めたお金が将来の成長のために使われず、利払いで税収の大半が消えてしまう状況になることは、国として身動きが取れなくなってしまうことを意味し、極めて深刻であるといえるでしょう。

Q
4-2

財政状況を改善させるためには消費税を上げるしかないのですか？

A

税金を上げることは必要です。ただし、どの税を上げるかは慎重に検討すべきです。

日本は現在、国民医療費などの毎年の経費や、借金の利子の支払いのために、新たに借金をしなければならない状況にあります。極めて不健全な状況といわざるを得ません。

これを解決するには、国の支出を減らすか、税率を上げて収入を増やすか、あるいは自然に税収が増えるように景気を良くするか、いずれかの方法を採らなければなりません。

税金を支払う国民にとって最も望ましい解決策は、景気拡大による税収の自然増ですが、これは現実にはかなり困難です。現在、日本の人口は減少し始めており、過去20年の経済成長率も1％以下と先進国の中でも最低レベルです。さらに、実際に景気が良くなった場合、通常は国全体のお金の需要が増えて金利も高くなりますから、現在極めて低く抑えられている国の借金の利払いが大きくなります。つまり、景気が良くなると国の支出も増えるので、景気回復による税金の自然増分は、そのまま国の財政の改善につながるわけではりません。また、国が無駄遣いを止めることは極めて重要ですが、道路などの社会資本は、たとえ新しい物をつくらなくても、維持していくだけで多額のお金がかかりますし、高齢化が進む日本では社会保障費が毎年約1兆円も増え続けていますから、大規模な支出の削減も難しいのです。

したがって、現実には、何らかの税金を上げていかざるを得ない状況にあるといえるでしょう。消費税率を上げることは、その有力な手段ですが、最善の方法かどうかについては、さまざまな意見があります。

消費税を上げることの問題として最も強く主張されるのは、逆進性といわれるものです。これは、収入の少ない人ほど、消費税の生活に占める負担が大きくなることを意味します。たとえば、年収300万円のAさんと年収3000万円のBさんがいた場合に、Bさんの食費がAさんの10倍になることはないでしょう。水道や光熱費などの金額も大きくは変わりません。すると、二人の収入に占める消費税額の割合では、Aさんの方が高くなります。それだけAさんの生活は実質的に苦しくなるということです。また、消費税が上がった分、Bさんは無駄遣いを控えて支出を減らすことができますが、もともと収入が少ないAさんが生活を切り詰めることは大変です。

消費税は、所得の申告が必要ないため、徴収しやすい税金であることはまちがいありません。しかし、日本の財政赤字がここまで拡大してきた理由は、これまで本来は税金を使って行なうべき行政サービス（医療費など）を、国債などの借金によって賄ってきたことによるものです。たとえば、２０１２年度の所得税収入の合計は約13・5兆円ですが、これは１９９０年の半分近い水準です。法人税も同様です。長引く不況や減税で所得税・法人税の税収は落ち込み、その一方で社会保障費は増加し続けたため、足りない分は借金で賄われたのです。

このように現在の国民や企業の多くは、国の支出を賄うには本当は安すぎた税金の恩恵を受けて、多額の資産を得てきました。そのことからすれば、逆進性の問題がある消費税を上げるよりも、過去の税負担免除によって貯められた国民や企業の資産に課税する方法、たとえば資産課税の増税や、相続税の課税範囲を広げることによって借金を減らしていくべきだ、という考え方も強く主張されています。

Q
4-3

現在の消費税と付加価値税は何が違うのですか？

A

付加価値税では複数税率が導入されていることが大きな違いです。

日本の消費税率は欧米に比べ低いから税率を上げるべきだという議論がなされることがあります。しかし、現在の消費税と、複数の税率がある付加価値税は単純には比較できません。

消費税は、物やサービスの消費者が、消費した金額の一定割合の税金を負担するという仕組みです。実際の納税は事業者が行なうことになり、最終的な負担者と異なるため、間接税と呼ばれています。一方、所得税などは税金を納める人と負担する人が同じであるため直接税と呼ばれています。

日本の消費税によく似た税金として、ヨーロッパを中心とする多くの海外の国では、付加価値税を導入しています。欧州連合（EU）は、付加価値税を加盟国の共通税制と定めており、すべての加盟国に導入が義務付けられ、標準税率の下限が15％と定められています（上限は自由）。EUのような、地域内での人や物の移動が頻繁で原則自由な地域では、ある地域でのみ付加価値税を導入すると、モノの値段が高くなってその国の消費が低下してしまうといった問題が発生するため、地域内で共通の仕組みとしたのです。

付加価値税と現在の消費税の最も大きな違いは、付加価値税は複数税率を織り込んだ制度だということです。例えばEUでは、各国は特定の商品やサービスに対して、下限を5％（一部特例あり）とする軽減税率を適用することができます。このように欧米でも、実際には多くの生活必需品の税率は低く抑えられています。軽減税率の適用が認められているのは、食品、水道水、出版物、医薬品など、21項目の商品やサービスであり、加盟国は独自の判断でこのリストの中から適用品目・サービスを選択します。

日本の消費税においても、複数税率を導入することが検討されています。消費税には所得の低い人ほど税負担が重くなる逆進性がありますから、税率が上昇していく場合には、生活必需品などに対する軽減税率の検討が必要となるでしょう。ただし、軽減税率を導入する場合、どの品目に軽減税率を適用すべきかの基準は必ずしも明確ではなく、業種間の不公平が生じやすい点に注意が必要です。また、仕組みが複雑になると、税額の計算や納税の手間が大きくなります。逆進性という消費税のデメリットを小さくし、その一方で難しすぎず、業種間の不公平も生じにくい制度を作ることは、決して簡単ではありません。

4 財政

Q
4-4

税は誰からも公平に徴収されているのですか？

A

その時の社会情勢において最も公平な税の仕組みは何かを、常に考えることが重要です。

どのような税金の取り方が公平かというのは大変難しい問題です。人によって所得も生活環境も大きく異なっているからです。すべての人から同じ金額の税金を徴収することは、逆に公平とはいえないでしょう。

例えば、個人の一年間の収入に対して課される所得税という税金は、収入額が増えるほど税率が高くなる累進課税方式がとられています。これに対しては、所得が多いのはその人が頑張ったからであり、努力してお金を稼ぐほどに税率が高くなるのでは一生懸命働く意欲が失われるという批判があります。一方、その人が高い所得を得られるのは税金によって社会が維持されているからであり、社会が崩壊すれば誰も安心して暮らせない以上、高所得の人ほど高い税率を課して、その責任を果たしてもらうべきだという立場も主張されています。

このように、所得税の累進課税という問題一つをとってみてもさまざまな意見がありま す。相続税を支払うべき人の対象を拡大すべきか否か、消費税に複数税率を導入すべきか否かなど、税金をめぐる議論は尽きることがありません。

また、税制の問題は、公平性だけでなく、国の政策や国際的な情勢とも大きく関係しています。住宅ローン減税などは、国の経済活性化政策として行なわれていますし、法人税は国際的に減税する国が増えていることから、国家間の企業獲得競争に負けないように下げるべきだという議論があり、2011年度の税制改正により引き下げられました。また、企業の競争力強化という目的から、法人税には研究開発費の優遇などさまざまな特別措置が設定されていますが、恩恵を受ける企業が限られ公平性に問題があると指摘されています。

国の政策的な方針と税の公平性のバランスをとった制度はどのようなものか、常に見直し続けることが必要です。

Q
4-5

予算とはどのようなもので、どのように決められますか？

A

予算には一般会計と特別会計があり、国会の承認を受けて決められます。

国がさまざまな公共サービスをする際には、予算を作り、国会で承認を受けなければなりません。また、年度ごとに実際にどのような支出をしたか検査を受ける必要があります。国民が国会を通じて国の予算をチェックするという点からは、国の会計、すなわち財布は一つに統一され、そこからすべての支出が出ていく方がわかりやすいといえます。この統一的な財布を「一般会計」といいます。しかし、例えば国民年金では、年金保険料と年金給付の関係だけを取り出して明確化したほうが、年金制度の健全性や資金運用の状況が明確になります。そこで、国が一般の財布と特に区別して事業を行なうべき時には、法律で定めることにより「特別会計」という別の財布を用意することが認められています。例えば、空港整備勘定といわれる特別会計は、空港使用料などを用いて、新しい空港の整備や既存空港の維持管理を行なうことが、特別会計に関する法律で定められています。

こうした特別会計は、その事業から利益を受ける人に費用を負担してもらうという関係をはっきりさせるためには意味がありますが、一般会計に比べてその使途のチェックが甘くなりがちです。もちろん国会で特別会計の予算は審議されますが、個別予算に無駄なところがないかを一つひとつチェックすることはできません。結局、各省庁が自由にできる財布という位置づけが強くなり、無駄遣いの温床となりやすいのが実情です。年金特別会計のお金が年金給付以外に用いられ、保養施設が建設されていた問題は大きく報道されました。また、空港利用料や高速道路の料金で、次々と新しい空港や道路が作られることになると、過剰な社会資本が整備される結果を生じさせます。共通の財布と区別された専用の財布があると、関係者の間で中身を使い切ってしまいたくなるのは、常識的にも理解できます。

本来、新しい道路や空港を作るか否かは、区分された財布にお金があるからではなく、国全体の財政状況に照らして必要か否かで判断されるべきです。年金の支払い事務にかかる経費についても、他のすべての国の事務と同様に厳しい査定をする必要があります。年金の支払いや国債の返済、現状の公共施設の維持管理費用については一定の区分管理が必要であるとしても、特別会計による区分経理の範囲は、厳しく限定的に捉えなおす必要があります。

Q 4-6

災害の多い日本では防災のために新たな公共事業を実施し続けなければなりませんか?

A

すでにある社会資本の維持・管理だけで膨大なお金がかかるため、必要な公共事業をきちんと選別することが重要です。

公共事業とは、国や地方自治体が、税金や国債の発行などによる収入を用いて行なう事業をいいます。具体的には、道路や港湾、空港の建設とその維持、堤防や河川敷の整備などの災害対策等がその代表例です。

日本の公共事業費は、1998年度に補正予算をあわせて約15兆円とピークを迎え、その後は減少傾向が続いてきましたが、欧米諸国の平均よりは高い水準にあります。地震などの災害が多い日本は、今後も新たな公共事業をし続ける必要があり、また、それが経済の活性化にもつながるという主張がしばしばなされます。

確かに、公共事業は国がお金を使う行為ですから、短期的な景気にはプラスです。政府がお金を使えば、その仕事を請け負った民間事業者の収益となり、それは従業員の給与や下請事業者の収益に波及し、経済を活性化します。また、必要性が高い道路ができることで物流が拡大するなど、意味のある公共事業は社会資本として国の発展や税収増に役立ちます。

しかし、次々に新しい公共事業を実施し続けることは、財政上現実的ではありません。日本は人口が減少し経済成長も右肩上がりには成長しない成熟社会となっていますから、むやみに公共事業を行なっても、それが国の発展や税収増につながるとは限りません。さらに、過去に整備した道路などの社会資本の老朽化による維持管理費、更新費が年々増加傾向にあることから、新たな公共事業に使えるお金は限られています。すべての橋や建物を大地震でも壊れないようにしようとすれば、膨大なお金がかかります。むしろ、大地震の際に皆で点呼をしあって確実に逃げられるように、その地域でどうしても改修しなければならない道路や施設の優先順位を付けられるようにしたり、地域を取りまとめることができる人材を育成することにお金を使った方が、より現実的で効果的かもしれません。

現在ある道路や空港などの社会資本のうち、今後も残すべきものは何か、どうしても新たに作らなければならないものは何かをしっかりと見極めた上で、多くの国民にとって意味のある公共事業を選別して実施し続けていかなければ、単に特定の業界への補助と批判されても仕方ありません。

Q 4-7

福島第一原子力発電所の事故で、エネルギー政策が経済問題としても議論になりましたが、どんな議論があるのですか？

A 原発を止めた結果として、化石燃料の輸入が日本経済を圧迫しています。省エネと再生可能エネルギーを本気で進めなければなりません。

福島原発事故により、国内のほとんどの原子力発電所は停止するに至りました。政府および電力会社が、新しい安全基準を満たした原発から再稼働させることを目指す一方で、これまで認識されていなかった活断層などが、原発敷地内で発見されています。このような現状では、十分な安全性が確保できるのか、ある程度の安全確保で再稼働し、その後に更なる安全性確保に向けた改修をするという方法が許されてよいか、という問題提起がなされており、激しい議論が続いています。

事故前の電源構成は、電力会社ごとに異なっていますが、国全体では約26％が原子力に依存していました。現在は、そのほとんどが火力発電によって賄われ、石油や天然ガスなどの化石燃料費の負担は、２０１１年に比べ12年は２兆円以上増加しています。今後、資源価格が高騰を続ける場合には、負担はさらに膨らみ、日本の経済に深刻な影響を与えると心配されています。一方、原発についても、高い安全性を確保するための追加投資や、最終処分場の確保の可否とその費用、万一事故が発生した際の被害などを考えると、経済的にも決して割安とはいえない状態です。

そこで現在、将来の電源構成については、原発をゼロにする案から、現状程度の規模を維持する案まで複数案が提示され、議論が続いています。このいずれの案を前提にしても、2010年度比で10%程度の使用電力量の削減が必要であり、少なくとも25%以上の再生可能エネルギーによる電力供給が不可欠です。

省エネと共に今後の重要政策に位置付けられている再生可能エネルギーは、火力発電などに比べて発電コストが高いため、従来普及が進みませんでした。そこで、再生可能エネルギーによる発電事業を後押しするため、太陽光や風力などの再生可能エネルギーにより発電された電気を、電力会社が20年間にわたり一定の価格で買い取ることを約束する固定価格買取制度が始まりました。この制度は、最終的には電気を利用する消費者の電気料金から費用を負担する仕組みであるため、一定の電気料金の値上げを伴います。ただし、化石燃料を輸入する場合とは異なり、再生可能エネルギー発電のコストは、太陽光パネルメーカーや、風車や水車のメンテナンス会社などの収益となるため、国内経済の活性化にもつながることが期待されています。

Q
4-8

経済はグローバル化していますが、日本政府の行なう経済政策はどのような意味がありますか？

A

国自身がお金を使ったり、お金の量をコントロールする政策がとられてきましたが、その有効性には疑問も提起されています。

国が行なう経済政策には、大きく分けて「財政政策」と「金融政策」の二つがあります。財政政策とは、税率や国の事業の規模を変えて経済をコントロールしようとする政策です。例えば、景気が悪いときに減税をしたり、公共事業により国自身がお金を使ったりして景気を良くしようとするのが財政政策です。とにかく誰かがお金を使えば金回りが良くなって景気は良くなるというのは、感覚的にわかりやすいでしょう。ただし、無駄な公共事業などは国の財政を圧迫します。

また、通常は国が多額のお金を調達して公共事業を行なうと、お金の取り合いとなって国内の金利が上昇してしまい、民間企業がお金を借りにくくなり投資が減少する、というマイナスが発生します。例外的に、これまで日本では、国民が国の借金である国債をいくらでも低金利で引き受け続けていたため、金利が上がってしまうことによるマイナスの影響はあまり出てきませんでした。しかし、今後さらに公共事業の規模を拡大する場合には、金利が上がるリスクに注意する必要があります。

一方、金融政策とは金利やお金の量の調整により、景気をコントロールする政策です。日本銀行が一般の銀行にお金を貸し出す金利を変えることで、短期的な金利を調整できます。例えば、景気が悪いときには金利を下げ、お金の量を増やすことで、事業者や個人がお金を借りやすくして景気を後押しします。

これは同時に、世界全体で見た場合、お金は少しでも高い金利を得られる通貨で運用されますから、日本の金利が安くなると、より金利の高い通貨にお金が流れることで円安になって、輸出産業の競争力も強くなることが期待されます。

しかし、いつまでも景気が回復せず、金利がゼロに近くなってしまった場合には、それ以上下げられないという問題があります。２０００年代の日本は、ずっとそのような状態にありました。さらに、日本以外の国々も景気を良くしたいと考え、次々に金利を下げていくと、世界中で金利が低くなり、お金が余った状態になります。そうすると、日本の金利が低くても他の国との差があまりないため、世界のお金が、比較的安全と考えられる円に集まり、円高状態が続くことになります。このように、世界的な金余りの状態の中では、特に金融政策はあまり効果がないといわれてきました。

4
財政

Q
4-9

企業が儲かっても、労働者にはあまり還元されないといわれますが、なぜですか？

A

企業は儲けを労働者に還元するよりも、株主に還元することを優先する傾向があり、労働者への還元を大きくするには政策の後押しが必要です。

新技術の開発や、円安による輸出の増加などにより、ある企業の業績が良くなった場合、儲けの多くが給料やボーナスとして労働者に還元されると、その企業の労働者たちは豊かになって消費を増やし、それが別の事業者の儲けにつながって、社会全体に景気回復の効果が波及していきます。

しかし、実際には、ある企業が儲かった場合の利益は、ごく一部しか労働者には還元されません。

第一の理由は、賃金はいったん増やしてしまうとなかなか下げられないので、企業は賃金を上げることに慎重だからです。

第二の理由は、株主に、より多くの利益をもたらすことを常に求められるという株式会社の性質によるものです。他の企業に比べて賃金水準が低くなり優秀な従業員が辞めてしまうのは困りますが、そうならない限り、なるべく低い賃金を維持して株主への配当や内部留保（企業内に儲けを貯めること）を増やすことが、株式会社の経営ではしばしば求められます。株主にとっては、配当は直接利益になりますし、内部留保が大きくなれば株価が高くなるのでやはりメリットがあります。特に大企業は、過去10年にわたり会社内に儲けを貯め込んできました。

この点とも関連する第三の理由は国際的な競争です。特に製造業などの輸出企業は世界中の企業と競争しており、儲けが出たときに労働者の賃金を上げると、より賃金水準の低い国に拠点を持つ競合企業との競争において不利になります。さらに国際的な競争は、労働者自身にも生じています。日本の労働者の賃金が上昇すると、他国の労働者と比較して人件費が割高になってしまいます。日本の労働者でなければできない特別の仕事であれば別ですが、そうでない場合には、新興国のより低い賃金水準に引っ張られて、国内の賃金水準は頭打ちになりがちです。たとえ企業は儲かっていても、世界規模で同じ労働は同じ給料ということになれば、日本の労働者の給料は下がってしまうのです。

したがって、企業の儲けのより多くを労働者に還元し、それにより日本社会全体の景気を良くするためには、たとえば人件費を積極的に高めた企業が税制上有利になるような、政策的な誘導を複数組み合わせる必要があります。

Q 4-10

インフレ政策により景気がよくなるというのは本当ですか？

A **短期的に不動産や株の価格は上昇しますが、中長期的に経済が良くなるかどうかは慎重に検証する必要があります。**

インフレとは、インフレーションの略で、物やサービスの価格がある期間上がり続けることをいいます。これは、逆から見ると、お金の価値が下がっていくということです。今日9000円で買える洋服が一年後には1万円出さないと買えなくなるとすれば、一年間で約1割値段が上がり、お金の価値が下がったことになります。デフレはその逆で、お金の価値が上がり物の価値が下がることです。

景気が悪いときに金利を下げると、個人や事業者がお金を借りやすくなって住宅を買ったり工場を作ったりして（これを「設備投資」といいます）、景気の回復を後押しします。しかし、日本では、すでに何年も金利が実質ゼロになってしまっているので、これ以上金利を下げることで景気を刺激できないという問題がありました。

ここで、金利が極めて低い状態のままで、インフレになると、どうなるでしょうか。お金を銀行に預けていてもほとんど利子はつかない、それどころかお金の価値自体が下がっていきます。そうなると、お金を銀行に預けていても仕方がない、むしろ借金をして不動産や株を買ったりしたほうがよいのではないか、と多くの国民が思うかもしれません。そうして個人も事業者も新たな投資をし始め、それによって景気が刺激され、新たな消費が生まれ、経済が上向きになるというのが、インフレによる経済成長のシナリオです。

超低金利状態でのインフレとは、つまり金利がマイナスになったのと同じことです。利子がつかないうえ、お金の価値が目減りするからです。つまり、ゼロ金利でも景気を上げられないならマイナスにしようという発想です。

これは、大変興味深い手法ですが、その中長期的な効果には疑問も呈されています。確かに、株や不動産を持っている一部の人や不動産会社・証券会社などは儲かるでしょうが、多くの人たちにとっては、円安で海外から輸入する物の値段が上がり、預金や国債を持っている人の資産は目減りしてしまいます。また、企業が本業への前向きな投資をせずに株を買うなどの財テクをしたのでは、日本経済の競争力自体が強くなるわけではなく、単に株や不動産が実態よりも高く評価されるバブルになるだけです。円安によるインフレ政策が中長期的に日本経済にとってプラスであるか否かは、慎重に検証すべきです。

Q
4-11

日銀が無制限にお金を刷るとどうなりますか？

A

日銀が無制限にお金を刷ることは考えられません。ただし、コントロールできると考える範囲であっても、国債価格の下落を招く可能性があります。

日銀がお金をどんどん刷れば、その価値が下がって円安になります。もちろん、無計画にお金を刷り続ければ、誰も日本円を持とうとしなくなって、日本経済は破綻してしまいます。ですから、日銀は、日銀法という法律により政府からの独立性を認められ、金融政策決定会合という会議の多数決で、市場に供給するお金の量を常に調節しながら、通貨の安定を守る責務を負っています。そのため、政府が人為的に円安やインフレをつくるために、日銀にお金を刷らせようと思ったとしても、一方的に命令することはできず、両者の協議の上で一定のコントロールができると考える範囲で行なわれることになります。

実際には、日銀がお金を刷っただけでお金の需要がなければ日銀から外にお金が出ていきませんから、例えば2％のインフレを目指すといった目標を設定した上で、日銀が国債やその他の資産を買うなどして、人為的に市場のお金を増やすことになります。

その影響として考えられるのは、国債の価格が下がることです。たとえ計画的とはいえ、通貨の量が大幅に増えて円の価値が下がり、そのお金が不動産や株に流れると、円安と、不動産価格や株価の上昇が同時に起きます。一方国債は、現在非常に低い固定金利がつくだけですから、株や不動産に較べ魅力がなくなります。そこで、国債保有者は、早く株などに資金を移すため、買った値段より安くてもいいから国債を売ろうと考えます。このようにして国債の価値が低下するのです。

一方、国債の下落を防ぐために日銀が国債を買い支えた場合には、日銀は本当は価値が低下している国債を大量に保有するため、大きな隠れ損失を抱えることになり、いつか支えきれず国債価格が大きく下がったときには日銀不安が生じ、ついには日本の信用力そのものが失われてしまう危険性があります。もちろん、日銀が国債を買い支えている間に、円安による輸出の拡大や、株や不動産の上昇が消費を刺激するなどして、日本経済の実態的な成長力が高まり、企業や国民の収入が増え、それにより国の税収も増えて財政が健全化に向かえば、国債の価格は安定し、上記のような問題は発生しないかもしれません。そうした主張も有力に展開されています。日銀が円安やインフレを実現できるほどにお金を増やしたらどうなるか、これは、まさに世界が注目しているテーマといえます。

5

安全保障

Q 5-1

日米安保条約とは何ですか？

A

日米間で、両国の安全保障のために、日本に米軍を駐留させることなどを定めた、「日本国とアメリカ合衆国との間の相互協力及び安全保障条約」のことです。

この日米安全保障条約による体制は、日米安保体制、日米同盟などと呼ばれ、政府は、「わが国の安全保障上、必要不可欠なものであるばかりでなく、わが国周辺地域の平和と安定のためにも重要な役割を果たしています」としています。現在の条約は、1952年に発効した旧安保条約を失効させ、1960年に新たに締結したもので、今日における両国間の関係の根幹を成すものです。条約には日米地位協定が付属しています。

締結に際しては反対運動が展開され（60年安保闘争）、当初の10年の固定期間が終わる際にも大きな議論が巻き起こりましたが、その後は単年ごとの自動更新がなされています。そして1996年には、同体制の重要性を再確認し、日米がアジア太平洋地域においてより安定した安全保障環境の構築のために協力していくことを共同宣言として発表しました。

条約には「共同対処義務」が定められており、「いずれか一方に対する武力攻撃が、自国の平和及び安全を危うくするものであることを認め、共通の危機に対処するように行動すること」が決まっています。ただし、安保条約の対処範囲は「日本国の施政の下にある領域」なので、日本が実効支配していない北方領土や竹島は、安保条約で共同対処の対象から外れると理解されています。一方で尖閣諸島は、安保条約の対象であることは米国も認めていますが、日本のために援軍を実際に出してくれるかどうかは別の問題です。

この条約をベースとして、冷戦下の1978年にソ連の日本侵攻に備えて策定された「日米防衛協力のための指針」（ガイドライン）があります。1997年の改定では朝鮮半島の有事を想定した対応策を定め、それに基づき国内の有事法制（武力攻撃事態対処法、国民保護法など）が整備された経緯があります。

米軍の駐留を円滑かつ安定的にするための施策として、日本が駐留経費を自主的に負担することにしています。地位協定に基づく支出として軍関係労働者の福利費や、提供施設整備費などがあり、それ以外にも特別協定で労務費、光熱費や水道料金、訓練移設費などの負担をすることが決まっています。「おもいやり予算」といわれるもので、その基本構造は沖縄返還に伴う「密約」によって決まったとされています。2013年度予算では1860億円超で、2000年前後に比べ円ベースで若干減額されましたが、長期的には高止まりしているといえます。なお、在日米軍関係経費は全体で4300億円を超えます。

Q 5-2

日米地位協定とは何ですか？

A

日米地位協定とは、在日米軍の軍人、軍属、家族の、日本での法的地位を定めた日米間のルールです。

日米地位協定17条は、米兵らの公務中の犯罪は米側に、公務外の犯罪は日本側に優先的裁判権（第一次裁判権）があると定めています。しかし、公務外であっても身柄が米側にある限り、起訴時まで米側の身柄拘束を認めています。95年の刑事裁判手続きの運用改善により、米軍の「好意的配慮」によって、起訴前であっても米軍捜査官の立会いを条件に引き渡しが認められる場合もありますが、その判断はもっぱら米側の裁量によっています。その結果、基地に逃げ込めば捕まらないとの認識が一般にあるとされ、米兵らの犯罪をめぐり、たびたびその片務的な内容が問題になってきました。2012年に集団強姦致傷事件で沖縄県知事が「（協定が）諸悪の根源」と怒ったように、地元では、その改定が悲願となっています。しかし政府は一貫して、日米同盟の根幹を成すものとして改定の必要性を認めていません。

問題となっているのは、協定そのものとともに、その付属事項が日本側の捜査を強く制約していることです。たとえば04年の沖縄国際大学に米軍大型輸送ヘリが墜落した際には、米軍は周辺地域を封鎖し、沖縄県警は現場検証も機体の差し押さえもできませんでした。地位協定17条付属合意議事録では、「日本は米軍の財産について、捜索、差し押さえ、検証を行なう権利を行使しない」としているからです。同様に、地位協定実施に伴う刑事特別法でも、米軍財産の捜索、差し押さえには米軍の同意が必要と定めています。さらには、事故を撮影した報道機関のフィルムを没収しようとするなど、取材妨害も起こっています。そのほか協定3条には、基地使用に関し「公共の安全に妥当な考慮を払う」としていますが、どのような考慮がされるのかは定かではありません。

この協定の原型は、1951年に米国と北大西洋条約機構（NATO）加盟国の間で締結されたNATO軍地位協定です。52年に日米地位協定が締結された際には、現状よりさらに駐留米兵の犯罪に対する裁判権が制約されていましたが、53年にNATO並みになり、さらに60年の新安保条約時に現在の形に改定された経緯があります。海外の例を見ると、ドイツでは93年にNATO軍地位協定のボン補足協定が改定され、米軍基地の使用にドイツ国内法が適用されるようになりました。韓米地位協定では2012年5月に、起訴前でも韓国側が容疑者の身柄を確保できることになっています。

Q
5-3

基地問題とは何ですか？

A 日本における主たる基地問題は、米軍基地の沖縄偏在と返還の見通しの不透明性、沖縄を含む全国の米軍・自衛隊基地の騒音・環境問題です。

日本には、自衛隊とともに、日米安保条約6条に基づき米軍が駐留しています。米軍以外に日本国内に駐留している外国軍はありません（各国大使館の駐在武官などは除く）。国内各地に、1００を超える米軍が使用する施設があり、その総面積は1０００平方キロにのぼります。そのうち米軍専用が約3００平方キロで、国土面積０・６％の沖縄に、全体の74％が集中しています。また基地以外に、訓練空域として24カ所、訓練水域として49カ所が米軍に提供されています（公海、公空を含む）。その面積は、九州よりも広大なものです。沖縄の場合、占領前は住宅地や農家だった平野部を、米軍が強制収用し基地化したもので、米軍統治の間に沖縄の基地が整備される一方、本土の基地返還が進み、沖縄に集中する結果になったのです。現在、沖縄本島面積の18％は米軍基地です。

在日米軍の特徴としては、隊員数は約4万人で海兵隊が半数近くを占め、陸軍の実戦部隊はいません。隊員数は、在韓米軍の約2倍になります。主力は、沖縄を中心に配備されている海兵隊（第3海兵遠征軍）と、横須賀、佐世保を母港とする第7艦隊です。海兵隊部隊と空母機動部隊が、米本土以外に駐留しているのは日本だけです。これらの部隊は、インド洋、西太平洋などでのグローバルな展開を任務としており、「日本防衛」が主目的ではありません。２０１１年の東日本大震災では「トモダチ作戦」として、約１カ月間、救援・復旧に従事しました。

東京の横田基地や沖縄の普天間基地をはじめ、多くの米軍基地が人口密集地のまんなかにあるため、騒音や事故などの被害が深刻です。基地周辺対策としては、防衛施設周辺の生活環境の整備等に関する法律（周辺整備法）があり、道路整備、防音工事、住宅の移転、民生安定施設（各種公共施設）建設の助成などについて明文化されています。しかし、海外に比較しても基準が甘いといわれる飛行協定すら無視され、防音工事をしてもなお規定値以上の騒音が日常的に継続しており、解決の見通しが立っていません。

しかも、日本上空の低空飛行訓練や基地周辺でのＮＬＰ（艦載機の夜間離発着訓練）など、いずれの基地においても、航空法を超越して自由な飛行が事実上認められています。地元の強い反対に抗して、２０１２年には普天間基地にオスプレイが配備されました。ハワイでは、飛行ルートの近辺に遺跡があるとの理由で訓練が中止になりましたが、日本では住宅街の上で訓練が実施されています。

また、基地内の環境汚染も深刻です。在沖縄の基地ではこれまでに、高濃度のポリ塩化ビフェニルや水銀、六価クロムなどの有毒物質が検出されています。しかし地位協定により汚染した土地を元に戻す義務や補償が免除されており、跡地利用の大きな障害になっています。さらに辺野古新基地建設手続きについても地元の同意なき手続きの強行が続いており、「沖縄差別」という言葉が広く使われるに至っています。

こうした沖縄の基地移設は従来、部分返還とセットで語られ、いわば基地機能の維持・強化が他の基地の返還条件とされてきています。あるいは、基地経済という言葉に代表されるように、従来は、沖縄の経済は基地によって成立しているとされていましたが、すでに軍用地料や基地従業員給与といった基地収入が県民総所得に占める割合は、本土復帰時の15％から2010年度には5％に低下し、基地依存度は格段に下がっています。さらに、返還後の民生利用の方が、地元住民への経済効果が大きいことが数字で証明されてきており、米軍基地所在都市への交付金行政が、曲り角にきていることを示しています。確かに、公共事業費の約90％が国からの補助金で、2010年度までに総額約9兆円の沖縄振興開発事業費が投入されてきましたが、そのほとんどが「ハコモノ」建設に費やされ、結果的には施設の維持管理が地元の自治体財政に重くのしかかってもいます。

Q 5-4 自衛権と集団的自衛権はどのように違うのですか？

A 国連憲章は加盟国に対し、安全保障理事会が必要な措置をとるまでの間、個別的・集団的自衛の固有の権利を認めています。ただし、それらは無制約なものではなく、一定の条件のもとでの制限的な権利であることに注意が必要です。

国際ルール上、他国から攻撃された場合には当然に防御する権利（自衛権）と、自国と密接な関係にある国が武力攻撃を受けた際に、自国が直接攻撃されていなくても実力で阻止する権利（集団的自衛権）が認められています。ただしいずれの権利も条件つきであって（国連憲章51条）、自衛のための戦争なら無条件に認められるというのは誤りです。

そうしたなか政府は従来、集団的自衛権については「国際法上は権利を有している」が、憲法で認められている「わが国を防衛するための必要最小限度」の自衛の範囲を超えているため、「憲法で行使は禁じられている」としてきました（1981年政府答弁書）。これに対し第一次安倍内閣時代に作られた「安全保障の法的基盤の再構築に関する懇談会」は2007年、以下の4類型を認める必要があるとの意見をまとめました。それは、①公海上で攻撃を受けた米艦艇の防御、②米国に向かうかもしれない弾道ミサイルの迎撃、③PKOなどでの他国部隊に対する「駆けつけ警護」、④戦闘地域における補給、輸送、医療などの、後方支援の拡大です。①②は集団的自衛権、③は海外での武器使用、④は武力行使との一体化にあたり、現行の憲法解釈では認められていないものです。ただし自民党は野党時代の2012年4月に、憲法解釈変更によって上記の権利行使を可能とする国家安全保障基本法案を提出している経緯もあり、憲法上の制約はないとの判断が根底にはあります。同党は、上記の国家安全保障基本法とともに、集団自衛事態法、国際平和協力法も同時に制定し、自衛隊法を改正することで、幅広い自衛隊の活動を可能にするのが好ましいとしています。

こうした個別の法律によって、憲法が従来禁止していた集団的自衛権の行使や海外での武力行使が解禁されることは、国のカタチを根本から変えることにほかならず、憲法を法律でひっくり返すことになると考えられています。しかもそれでは、英国が集団的自衛権の行使としてアフガニスタン戦争に参加したような事態が、日本でも起こってしまうことになり、それは他国の領土・領海における武力行使にほかなりません。

Q 5-5 自衛隊とはどのような位置づけなのですか？

A 憲法9条は、戦争放棄と戦力不保持を定めるとともに、交戦権を認めていません。ただし、自衛のための必要最小限度の実力は、憲法にいう「戦力」には該当しないとされています。

憲法の意味するところは、自衛のための戦争も含め、いっさいの戦争はしない、そのための戦力は持たない、ということです。自衛のための武力行使ということを、諸国の軍事紛争に介入するときの口実にしてきた経験から、自衛のための戦争もしないということを宣言したわけです。これを受け１９４７年の憲法施行時には、文字通り「戦力不保持」でしたが、朝鮮戦争を契機に１９５０年、警察予備隊が創設され、52年には保安隊に改組されることになります。そして54年には現在の名称である「自衛隊（Japan Self-Defense Forces)」になり、その規模も活動範囲も拡大してきました。自民党は２００５年、新憲法草案の中で「自衛軍」保持の明記を提唱、さらに12年の憲法改正草案で「国防軍」として、軍隊への転換を求めています。

こういった憲法上の制約を課せられている自衛隊は、通常の観念で考えられる軍隊とは異なるものですが、他方、国際法上は軍隊として取り扱われており、自衛官はまさに軍人そのものであるといえます。

自衛隊の防衛出動や治安出動などにあたっては、事前または事後の国会の承認が必要です。また、自衛隊にかかわる定員、予算、組織などの重要事項も、国会の議決が必要で、これは国会を通じて自衛隊を統制する「シビリアンコントロール」の仕組みです。2012年現在、自衛隊の隊員数は約23万人、12年度防衛関係予算は4兆7138億円で、一般歳出の約7％です。予算額としては世界のトップ10に入りますが、GDP比では1％未満で、世界の中でも最低水準といえます。

内閣総理大臣は、内閣を代表して自衛隊の最高指揮監督権を有し、安全保障会議を主宰し、防衛に関する重要事項を審議します。陸海空の各部隊が幕僚長のもとにあり、この3隊を一体的に運用するため統合幕僚監部が置かれ、防衛大臣は統合幕僚長を通じて、各部隊に命令を発する形をとります。そのほか共同の部隊として自衛隊情報保全隊と自衛隊指揮通信システム隊があり、前者は一般市民の反戦活動を監視してきたことで問題になりました。

自衛隊が国連旗のもとで初めてカンボジアに海外派遣されて以来、2012年で20年になります。その前段として、1990年の湾岸危機をきっかけに国際社会から「汗をかくこと」（人的貢献）を求められ、翌91年、海上自衛隊がペルシャ湾の機雷除去に派遣されたのが、国際協力の始まりとされています。ただしこの時は、自衛隊の本来業務ではなく、付随的な業務という位置づけでした。国連ＰＫＯ（国連平和維持活動）は「紛争の平和的解決手段」を基本に行なわれていますが、最近では武器使用を認める活動も増えてきています。そうしたなか、日本のＰＫＯは停戦合意など独自の五原則に基づいて行なわれていますが、武器使用を認めたＰＫＯへの参加は、憲法９条違反との根強い反対意見が存在します。

これに対し、憲法前文の「国際社会において名誉ある地位を占めたい」との決意の実現のためにも、国連憲章が定める国際社会全体による集団安全保障を実効あるものにするためにも、さらなる積極的な自衛隊派遣が求められる、という意見もあります。２００１年の９・11以後の海外派遣は、それまでの地雷除去といった国際緊急援助活動やＰＫＯとは異なり、海自は多国籍軍にインド洋で8年にわたって洋上給油を続けました。09年からはソマリア沖で、Ｐ３Ｃ哨戒機の拠点を設営しました。このように、陸自のイラク派遣、空自のクウェート派遣と、長期間にわたる継続的な海外展開が続いています。

一方で、３・11では全自衛官の半数近い10万人超が動員され、陸海空の統合任務部隊が救援・復旧の活動をしました。

Q 5-6

武器輸出三原則・非核三原則とはどういうことですか？

A **日本は戦争放棄、平和主義を具体的に実現する方法として、戦争にかかわらないための工夫をしてきました。それが「武器輸出三原則」や「非核三原則」です。**

「武器輸出三原則」は１９６７年に、当時の佐藤栄作内閣が、①共産圏、②国連決議で禁止された国、③国際紛争当事国かまたはその恐れのある国に、武器輸出を認めない方針を表明したのが始まりです。76年には三木武夫内閣が、これらの国以外への武器輸出も原則禁止しました。しかし83年に、中曽根康弘内閣が米国への武器の技術供与を認めて以来、ミサイル防衛（ＭＤ）の日米共同開発や生産など、個別に例外を認める措置を重ねてきました。２０１１年に野田佳彦内閣が例外を認める一般的な基準（防衛装備品等の海外移転に関する基準）を決定したために、一気に大幅緩和し事実上の「解禁」となりました。

そこでは、生産コストの削減などを理由に、「我が国の安全保障に資する」武器であれば「我が国と安全保障面で協力関係にある国」と共同開発する場合、輸出を認めるとしています。これにのっとり２０１３年に安倍晋三内閣は、米国などと共同生産する最新鋭のステルス戦闘機F35（ロッキード・マーチン社製）については、日本国内で製造した部品の輸出を、例外措置として認めました。この戦闘機は、野田内閣時代に航空自衛隊の次期主力戦闘機として選定（13年度予算として計上）され、これを機に日本企業が4割程度の関連部品を製造し、米国内で組み立てたり、修理する計画となっており、日本の防衛産業の育成を企図したものです。ただし同機は、紛争当事国のイスラエルも導入予定で、「国際紛争の助長を回避する」との三原則の基本理念が守られるかどうかが懸念されています。

また、2011年に緩和された際には、日本が関わった武器を第3国に移転する場合、日本政府による事前同意を必要とするなど「厳格な管理」が条件になっていましたが、いったん第3国に売却された機体に使われる部品を、日本政府が厳格に管理できるかどうか、それが紛争国にわたることをどのように防止するかについては不明であり、なし崩し的な武器輸出拡大に繋がる危険性があります。これに対し政府は、「国の意思としての武器輸出とは言えず、三原則には抵触しない」としています。

なお、2013年4月には武器貿易条約（ATT）が国連で成立し、通常兵器の国際取引を規制する初の国際ルールができました。世界の輸出トップ3である米国、ロシア、中国が批准するかどうかに、成否はかかっているといえます。

一方で非核三原則も、1967年に佐藤内閣が表明したもので、核兵器を、①持たず、

②作らず、③持ちこませず、というものです。唯一の戦争被爆国という立場と、戦後の防衛を米国の「核の傘」に頼るという矛盾を抱えながらの、非核を貫くための工夫の1つでした。ただし、沖縄返還に伴う「密約」で、核を搭載した艦船が沖縄の米軍基地に立ち寄る際に、「あえて」日本に通知しないことで、「知らなかったこと」にすることを確認している、とされています。また、日本国内では1965年以降、原子力の平和利用として原発を稼働させてきましたが、その要因の一つに、プルトニウムを日本が保有することが安全保障上重要だとの、米国の意向があるとされています。

関連して、1995年以降、核兵器禁止条約の交渉開始を求める国連決議が採択されているものの、日本は一貫して棄権しています。また、1970年に発効した核不拡散条約（日本は1976年に批准。2012年現在、締約国は190カ国で、非締約国はインド、パキスタン、イスラエルで、北朝鮮は2003年に脱退を表明）の見直しに関する国連の再検討会議においても、核兵器の非人道性を訴える共同声明に賛成をしていません。「いかなる状況でも核兵器が二度と使われないことが人類存続の利益になる」との文言が受け入れられないためとされていますが、これは、北朝鮮に対しては米国が保有する核兵器使用の可能性があることを、暗に匂わせるもので、非人道性が普遍的なものではなく、相手を選択した条件付きになっているとの批判を浴びています。

Q 5-7 緊急事態になると国はどんなことをしますか？

A 国（政府）は、国会の議決を経ることなく政令によって、人権を制限し国民に義務を課すことが可能になります。他国でも同様な制度がありますが、無制約なものではなく一定のルールが決まっています。

緊急事態とは一般に、戦争や内乱のほか、大規模災害などが発生し、通常のルール（平時の法令）では対処できない非常事態をさします。現在の日本では、外部からの武力攻撃を想定した武力攻撃事態対処法や、その際の国や地方公共団体から住民への指示や公共機関の協力義務を定めた国民保護法が存在します。日米ガイドラインの改定に伴い、朝鮮半島情勢を念頭においた有事法制が、小泉純一郎政権下において整備された結果です。外国でも、戦争などの緊急事態が発生した場合に自国民の生命や生活を保護するために、国家権力を一時的に強化して、攻撃国への対抗措置や国民への救済措置を迅速にとれる仕組みを設けている国が少なくありません。

それは憲法で保障する基本的人権を制約することになることから、その例外をきちんと憲法で定めるべきだ、などの意見があります。日本の場合は憲法上の規定はありませんが、自民党などは戦争になった場合を想定して、緊急事態においてはより強力な権限を首相に与え、政府が発する指示に国民が従う義務を明文化して、国民の権利を強制的に制限できるようにすべきだとして、憲法改正を求めています。

日本の国内法で緊急事態の定めがあるのは、上記の有事法制のほか、米軍に対する物品・役務《えきむ》の提供を定めた自衛隊法や、捕虜などの人道的取り扱いを定めた捕虜取扱法があります。また、広義の災害（自然災害のほか人災を含む）を対象とした各種法制も、いわば緊急事態に対処するための法律群といえるでしょう。多くの法律の準拠法となっている災害対策基本法にはじまり、原子力災害対策特別措置法、新型インフルエンザ対処特別措置法などがこれにあたります。

それによれば、「緊急事態」が発生した場合、内閣総理大臣を本部長とする対策本部（たとえば武力攻撃事態等対策本部）を設置します。そして対策本部長となった首相は、強い権限を持って指示を行なうことになります。その一つは、事前に指定された「指定公共機関」への協力要請です。電気・ガスといった公共サービスのほか、運送業者や医療機関など、幅広い業種の個別企業が各法ごとに決められており、指定機関は物品やサービスの提供のほか、入手情報や社員などの人手の提供も求められます。

この指定公共機関は、テレビ・ラジオや新聞、携帯電話会社などの報道・情報機関も含まれており、報道のために収集した情報を、公的機関（政府）に提供しなくてはいけないとされています。また、政府が発表した警報や避難勧告や指示を、遅滞なく報道することが求められており、これは発表情報を「そのまま」報道することを求められているとも解釈できます。さらに、事前に報道予定を提出することも求められているほか、職員の派遣要請や斡旋も規定されています。インフルエンザ特措法では、集会を長期間にわたって禁止要請することも可能で、一般市民の基本的な権利が大きく制約されることになります。あくまで規定上は、国が「必要な指示ができる」のであって、報道機関は「協力する責務を有する」にすぎませんが、そこに事実上の強制力が発生することはいうまでもありません。

こうした緊急事態への対処については、権利の制限だけではなく、緊急財政出動を認めるかどうかという議論もあります。政府の意向で財政支出を可能にしようという考え方です。日本は戦争中の治安維持法などの苦い経験から、法が憲法の権利を制約することを認めておらず、また同時に緊急事態を錦の御旗とした行政出動を、厳しく制約してきた歴史があります。したがって、こうした緊急法の制定権を行政に与えることはもちろん、有事を理由として盗聴や怪しそうな人の予防拘禁を認めるなどの行為は、日本では一切認められておらず、今後も厳に慎むべきだとされているのです。

Q 5-8 日本の領土問題にはどのようなものがありますか？

A 日本には、事実上、係争中の領土問題としては、北方領土（ロシア）、竹島（韓国）、尖閣諸島（中国・台湾）の3つがあります（カッコ内が相手国・地域）。

北方領土は、1945年の太平洋戦争終結段階で、ソ連が参戦し全千島列島などを占領、1951年のサンフランシスコ講和条約では、日本が千島列島の領有権を放棄することを約束しました。すなわち、第2次大戦終結時において、ポツダム宣言は「日本の主権は本州、北海道、九州、四国と連合国側の決定する小島」としており、GHQ（連合軍総司令部）は日本の範囲として「四主要島と対馬諸島、北緯30度以北の琉球諸島等を含む約1千の島」で、「竹島、千島列島、歯舞群島、色丹島等を除く」との文書を発布しています。

しかしその後の1956年の日ソ共同宣言で、4島のうち歯舞、色丹両島は平和条約締結後に「日本に引き渡すことに同意する」と明記されました。日本から経済投資を受けたいとのソ連の思いや、米国の対ソ戦略が影響したといわれています。日本側の4島一括返還要求は1855年の日露通好条約などに基づくものですが、その後の紆余曲折を経て91

年にソ連が領土問題の存在を認め、01年の日露首脳によるイルクーツク声明で共同宣言の有効性を確認するに至っています。

竹島は、1905年に島根県に編入されましたが、韓国は50年代前半に領有権を主張して占領、実効支配を続けています。米国の連邦機関である地名委員会は、リアンクール島（竹島）を韓国領と認定しています（2008年には一時的に「領有不明」に変更されましたが、韓国の抗議を受け、再度「韓国領」に戻しました）。実際、1946年のGHQ文書では「日本の範囲から除かれる地域」として、済州島とともに竹島が列挙されています。ただしその後のサンフランシスコ講和条約では意図的に権限放棄の対象から竹島を除外しており、米国の扱いも必ずしも一貫していないことがわかります。2012年には韓国大統領が上陸し、独島（Dokdo）の領土問題は解決済みとしています。日本は国際司法裁判所（ICJ）での解決を求めていますが、韓国は一貫して拒否しています。

尖閣諸島は、もともと台湾に属するか沖縄に属するか、の問題といえます。日本が琉球処分によって琉球王国を強制廃止したのが1872年で、明治政府が琉球藩を廃止し鹿児島県に編入したのが1879年です。したがって、明示的に琉球の一部である尖閣諸島が日本の領土になったのは、1872年以降であることになり、少なくとも日本「固有」の領土ではないことがわかります。そのうえで日本は、尖閣諸島は国際法でいう「無住の地」（いずれの国の支配も及んでいない土地）であったところ、明治政府が現地調査を実施したのであって、「先占」（先に領有行為を行なった）が認められるとしています（詳細は外務省「尖閣諸島に関するQ＆A」参照）。これに対し中国は、釣魚島はすでに16世紀の中国の地図に記載されており、その時点で領有権が発生していたとしています。現在、尖閣諸島は日本も中国も領有権を主張していますが、日本政府は「領有権の問題はそもそも存在しない」という立場です。

ただし従来は両国間で、尖閣問題は「棚上げ」にするといった暗黙の合意があり、同時に紛争を回避するために漁業協定を締結して、違法漁船の取り締まりは当事者国に委ねることを基本にしていました。こうしたいわば両国間の「ルール」を、領土国有化や中国漁船衝突事故対応などで、中国からみると日本側が「守っていない」ことが、今日の緊張関係に繋がっているとされています。

Q 5-9

安全保障は軍事力の問題なのですか？

A 従来は、軍事力によって地域の安定を図る「国家の安全保障」という考え方が支配的でしたが、近年では、「人間の安全保障」に代表されるように、ソフトパワーをも活用した総合的な安全保障政策が求められる時代になっています。

地域の平和と安定のためには、関係各国の外交努力とともに、「安全保障」上の対応が必要であるといえます。しかも、地球規模の経済的相互依存が進み、グローバリゼーションが政治・社会を含むすべての領域で急速に進行するなかで、「一国のみの平和」はもはや現実味に欠ける、とまでいわれるようになりました。それはもちろん日本にも当てはまり、単に日本国内が平和であればよいというだけではなく、その平和を維持するためには関係各国ひいては世界中の国との関係を密にし、単に軍事力だけではないすべての国力を総動員して、平和を守る必要があるのです。

もちろん、その中で重要な地位を占めるものとして軍事力があり、敵が攻めてきた場合、きちんと国民を守ることができるかどうかが問われます。そのため日本では自衛隊を有し、同時にアメリカとの間に安保条約を結ぶことで、軍事的サポートを仰ぎ、いわば米軍の力を借りて日本を守る体制をとってきています。

しかし、このように他国の軍事力に頼る手法、とりわけ日本のように米国の軍事力にのみ全面的に依存することで自国の平和を守る方法がベストかといえば、必ずしもそうではないかもしれません。実際、世界はいま、こうした特定の軍事力（ハードパワー）に頼りすぎることなく、文化や外交力などのさまざまなソフトパワーを駆使して、「安全保障」体制を維持する工夫をし始めています。一方で日本の場合は近年、米国の意向に沿って仮想敵国として中国や北朝鮮を想定して防衛力を増強してきています。これは、従来のハードよりソフトを大切にしてきた状況を崩しかねません。

さらに日本の特徴として、東日本大震災に見られるような大規模自然災害がたびたび国土を襲いますし、２０１３年のアルジェリア人質事件のように、国際進出した日本企業や従業員を守るためには、軍事力だけでは不十分なことは明らかです。さらには、資源が乏しい国として、１９７３年の石油危機のような経済的な非常事態にどのように対処するかも極めて重要です。

そこで国際安全保障では、国際社会の平和と安定への脅威を、事前に可能な限り軽減することが求められることになります。そのために従来は、核の抑止力のようなパワーバランスが脚光を浴びてきたわけですし、北大西洋条約機構やワルシャワ条約機構といった集団的防衛システムも、基本的にはこうした考え方によるものといえます。もちろんその究極は、国連による国家間での相互監視と紛争の事前抑制のシステムです。

しかしそれらをもってしても、国際テロは防げませんし、国際犯罪は増加の傾向にあります。根源的な問題の解決に結びついていないからです。すなわち、経済的貧困や基本的人権の侵害、それにともなう、あるいはそれらを引き起こす難民や感染症の広がりといった状況に対し、国家の枠を超えた新しい枠組みで対処することが必要とされているのです。このような考え方は、「人間の安全保障」と呼ばれ、個人やコミュニティ、民間ＮＧＯが主体となって、国境を越えた地球上のすべての人の生命・財産を守るための取り組みが始まっています。その中心的な概念が「人権」保障で、人が人として生活できる環境を整備すること、たとえば難民をもとの居住地に帰還させ、帰還した難民が通常の日常生活をできるよう、社会・生活基盤を作ることが必要でしょう。また、対立する民族・部族間の和解を進めたり、共生できる地域共同体を作ることも大切です。そしてこうした普遍的な人間の安全保障が実現することによって、結果としてその他の国のそれぞれ国益にもつながると考えられているのです。

5 安全保障

主権回復の日とは何ですか?

A 1952年4月28日のサンフランシスコ講和条約発効から61年を迎えた2013年、政府は「主権回復・国際社会復帰を記念する式典」を、憲政記念館で挙行しました(一部の政党代表者や沖縄県知事は欠席しました)。

その伏線は、1年前に自民党本部で開催された「国民集会」に、安倍晋三議員(現首相)が寄せたメッセージです。占領軍によって作られた憲法や教育基本法、そのうえに培われた精神を見直し、真の独立の精神を取り戻そう、と訴えていました。

一方で沖縄、奄美、小笠原では、この日に日本から切り離され米国の信託統治(米軍施政)下におかれたことから、「屈辱の日」(沖縄)、「痛恨の日」(奄美)として位置づけられています。それはまた、いまに続く米軍基地をめぐるさまざまな問題のスタート時点でもあり、本土復帰した現在ですら、米軍特権を認める日米地位協定などによって主権が制約されている、との思いがあるからです。いわば、サンフランシスコ条約は連合国が日本本土の主権を「承認」するとともに、沖縄などの主権の「一部放棄」を定めたものでもあります。

ちなみにこの条約は、当時の連合国と日本との間の戦争状態を終了させた条約です。しかし、中国（中華人民共和国も中華民国も）は会議に招かれず、ソ連は条約に署名しませんでした。したがって両国との間では、52年の日華平和条約や56年の日ソ共同宣言で、やっと戦争状態は終結したことになっています（中華人民共和国とは72年に日中共同宣言をしています）。こうしてみると、戦争の終結をどの日と考えるかは難しい問題だとわかります。ちなみに、講和条約と旧日米安保条約、そして日米地位協定の前身の日米行政協定は、同じ日に発効しています。それからも、「主権回復の日」にはいろいろな意味があることがわかります。

自民党は、2012年の衆議院選挙政策集で政府主催の記念式典を開催することを明記し、2013年3月に閣議決定しました。開催が決まったのち沖縄からの強い反発を受けて、祝賀色を薄めるほか、出席した天皇にお言葉を求めないなどとしたものの、会の終わりには「天皇陛下万歳」の発声にあわせ、安倍首相以下が万歳三唱をしました。同じ日に、沖縄では抗議集会が開催されましたが、そうした沖縄の思いに、政治家も、官僚も、そしてメディアも気づかないままに、党の公約となり実施に移されたことに、大きな問題があるとの指摘もあります。

Q 5-11

日本の戦後補償はどこまで行なわれたのですか？

A 第2次世界大戦後、日本は戦後処理の一環として、「戦争賠償」（戦時賠償）と「戦後補償」を実施しました。

日本と各国の間で締結された条約や協定、東京裁判をはじめとする各地の軍事裁判の判例に基づくものですが、一部はその後の国内裁判所の判例や政府見解に拠るものもあります。戦時賠償とは、戦争が原因で相手国に生じた損失の賠償として、金品や役務を提供するもので、一般には戦争終結時に締結される講和条約によって、敗戦国が戦勝国に支払う賠償金をいいます。サンフランシスコ講和条約に基づき、領土の割譲とともに、日本政府や企業・個人などが有していた在外資産を、連合国に提供しました（連合国以外では中国に対しても同様の措置がとられました）。同時に、軍需工場の機械などの資本設備を、日本が支配した国（中国、オランダ、フィリピンなど）に譲渡することも行なわれました。

また、上記条約に定められた「占領した連合国に対する賠償」として、フィリピン、ベトナムと賠償協定を結んだほか、それに準ずる国としてビルマ、インドネシアについても、平和条約を締結して賠償を実施しました（4カ国で総額約10億ドル＝当時の換算レートで約3600億円）。このほかに、シンガポール、ミクロネシア、マレーシアに対しては、円借款や無償供与を実施してきました。なお、ラオス、カンボジア、オーストラリア、オランダ、イギリス、アメリカは賠償請求権を放棄・未行使でしたが、別途、ラオスやカンボジアに対しては経済・技術協力協定を締結し、無償での経済協力を実施しています。オランダとの間では、民間人に与えた損害について議定書を結び、見舞金を支払いました。韓国との間では、1965年の日韓基本条約と経済協力協定に基づき、3億ドル（1080億円）の経済援助金が支払われました（ほかに円借款も実施。北朝鮮とは条約がなく未決着）。

こうした戦争被害者個人に対する補償は、今日に至るまで続いている日本の戦争責任を考えるうえでの重い課題です。その中でも特に大きな問題が慰安婦（従軍慰安婦）に対する補償で、国際法上の人道に対する罪（戦時性暴力）として、国連の各種会議でもたびたび取り上げられています。慰安婦とは一般に、戦地などに設置された慰安所と呼ばれた施設で軍人・軍属に対し売春行為を行なっていた女性をさします。第2次世界大戦下の日本軍では、朝鮮半島を中心に、中国、台湾、フィリピン、インドネシアを始め、日本からも女性たちが動員されました。

戦後、韓国や台湾などに住む元慰安婦や遺族は、日本政府に対し賠償や謝罪を求め訴訟を起こしています。これに対し日本政府は「反省の気持ち」を表明する一方、条約により賠償義務は政府間で決着済みとの立場で、日本の裁判所も一貫して賠償を認めてはいません。また、政治家の中でも慰安婦は強制ではなく自発的な商行為で、そもそも賠償の対象ではないとの意見が存在します。

ただし、日本の場合は国家管理型の慰安婦・慰安所制度を導入し、現地で募集するとともに、半ば強制的に連行し売春業に従事させたとの証言も少なくありません。こうした声を受け日本政府は、1993年に河野洋平官房長官が「軍の関与」を認める調査結果を発表、反省とお詫びの意を示しました（河野談話）。それを受け1994年に、村山富市首相がお詫びの談話を発表、翌95年には、民間からの寄付に基づくアジア女性基金（女性のためのアジア平和国民基金）を設立しました。97年以降、1人当たり200万円の「償い金」の支給と首相からのお詫びの手紙の送付を行ない、活動を終えています。日本政府が公式に謝罪をするなどしても、それを否定する発言や動きが政府内外で起こり、さらに韓国などでの批判を呼ぶといった状況にあります。

6

教 育

Q6-1 学問の自由とはどのようなことですか？

Q6-2 教育行政の仕組みはどのようになっていますか？

Q6-3 学校で国旗掲揚・国歌斉唱をめぐる問題が起こるのはなぜですか？

Q6-4 教科書検定とはどんな制度ですか？

Q6-5 歴史教育がさまざまな議論の対象になるのはなぜですか？

Q6-6 道徳の教科化とはどういうことですか？

Q6-7 特別支援学校や学級があるのに、なぜ障がいのある子どもが通常学級にもいるのですか？

Q6-8 学校以外にも教育を担うところはあるのですか？

Q
6-1

学問の自由とはどのようなことですか？

A

学問上の真理を探究する自由のことで、思想及び良心の自由、表現の自由などと同じく、国民に保障された基本的人権の1つです。

憲法では、「学問の自由は、これを保障する」と規定しています。学問の自由には、内面的な自由としての「研究の自由」や外面的な自由としての「教授の自由」、そして、大学や大学院といった高等教育機関が政治的・社会的な干渉や圧力を排して教育・研究の自律性を持つ「大学の自治」などを含むと考えられています。ただし、高等教育機関以外の学校、例えば小学校や中学校などにおいては、国が定めた「学習指導要領」によって指導すべき内容が決められているため、学問の自由のなかの教授の自由については制限がかかった状態になっています。これに対しては、批判的な意見もありますが、最高裁判所は、義務教育段階では全国的にある程度の教育内容の平準化が必要との立場から、これを容認する判決を出しています。

学問の自由が権利として登場したのは、18世紀から19世紀にかけての欧米諸国においてでした。とくに、ドイツでは、1850年のプロイセン憲法や1919年のワイマール憲法で、学問の自由が規定されていました。

しかしながら、プロイセン憲法の影響を強く受けた戦前の大日本帝国憲法には、学問の自由は盛り込まれませんでした。そのために、学問の自由を侵害する事件が相次ぎました。例えば、森戸事件がありました。森戸事件は、1920年に東京帝国大学の助教授だった森戸《もりと》辰男《たつお》がロシアの無政府主義者クロポトキンに関する研究論文を発表したところ、それが学内関係者からとがめられただけでなく、新聞紙法違反で起訴され、休職に追い込まれてしまった事件です。こうした事件への反省のもとに、戦後の日本国憲法では学問の自由を規定したのです。

学問の自由が保障されず、政府などの権力の意に沿わない学問研究が弾圧されるとしたら、多くの学者は委縮してしまい、自由で活発な研究活動が行なわれなくなり、ひいては社会の発展自体が停滞してしまうことでしょう。それは、絶対にあってはならないことです。

6 教育

Q 6-2

教育行政の仕組みはどのようになっていますか?

A **教育行政は、国レベルでは文部科学省が、地方（都道府県、市町村）レベルでは教育委員会が行なっています。**

戦前の日本では、文部省を頂点とする中央集権的な教育行政制度がとられていたので、各都道府県知事が直轄する学事課が文部省の方針や決定に従って教育行政を行なっていました。その結果、軍国主義教育への暴走を招くことになりました。

戦後は、こうした中央集権的な教育行政への反省から、地方分権や教育の中立性の原理に基づいて、首長直轄の行政部局から独立した教育委員会制度が誕生します。そして、文部省と各地の教育委員会は、対等な関係となりました。１９４８年に成立した教育委員会法は、教育委員の公選制、教育委員による合議制などを特徴としました。

しかし、その後の法改正を経て、現在、教育委員は議会の同意を得て首長が任命することになっていますので、独立性や中立性の強かった以前の教育委員会からは後退していま す。ただし、地方公共団体によっては、教育委員に公募制を導入するなど教育行政への市民参加をすすめているところもあります。

教育委員会は、原則として5人の教育委員から構成され、教育委員のなかから互選で教育委員長を選出します。教育委員は、特別職公務員であり、任期は4年ですが、再任も可能です。教育行政の事務を担うため、教育委員会には事務局が設けられていて、これを教育庁や教育局などと称する地方公共団体もあります。事務局を統括し、指導主事などの事務局職員を指揮監督するのが教育長です。教育長は、教育委員のなかから教育委員長が任命します。

教育委員会には、都道府県教育委員会と市町村教育委員会があり、両者に上下関係はありませんが、市町村立学校の教職員の採用や給与費の負担は市町村教育委員会ではなく、都道府県教育委員会が行なっています（政令指定市を除く）。そのため、実質的には、市町村教育委員会よりも都道府県教育委員会の方が、より大きな権限と責任を持っています。

教育委員会については、かねてから形骸化が指摘されてきました。昨今のいじめや体罰の問題を主体的に解決できない教育委員会の姿から、このことが誰の目にも明らかになりました。そして、制度改革の議論も白熱しています。安倍晋三政権が設けた教育再生実行会議は、2013年4月、現在の合議制による教育委員会制度を事実上解体する提言を出しています。提言では、首長の考えをより強く反映させるために、首長が議会の同意を得

6 教育

て教育長を直接任命し、教育長に教育行政の権限と責任を集中するとしています。教育委員会は残すものの、あくまでも、教育長による教育行政をチェックする機関という性格になっています。

この提言が実現するかどうかは、今後の中央教育審議会での議論を待たなければならず、現時点（2013年4月）では未知数です。しかし、提言内容がそのまま実現されるとすれば、公教育の中立性や教育行政の独立性が、まったくなくなる可能性が高まります。拙速に事を運ぶことなく、慎重な議論と検討が強く求められます。

Q 6-3

学校で国旗掲揚・国歌斉唱をめぐる問題が起こるのはなぜですか？

A

歴史的な経緯から、賛成と反対が激しく対立しています。敬愛の念をもつことは大切だとしても、それを強制することは問題ではないかとの観点からです。

「日の丸」と「君が代」の何が問題なのか、と思う人も多いかもしれません。オリンピックなどの国際的なスポーツ大会では、「日の丸」を振って応援する日本人をよく見かけますし、選手が優勝して「君が代」が流れると感動するものです。

しかし、国民のなかには、「日の丸」と「君が代」に違和感を抱く人もいるのです。第二次世界大戦前の日本では、「日の丸」と「君が代」が軍国主義、帝国主義の象徴としての役割を果たしてきたからです。そのため、１９９９年に「国旗及び国歌に関する法律」が制定され、「日の丸」・「君が代」を国旗・国歌と定める際には、賛否両論の議論が盛んになりました。この法律の制定時の政府見解では、「国旗の掲揚に関し義務付けを行なうことは考えていません」（小渕恵三首相）、「式典において、起立する自由、起立しない自由、歌う自由、歌わない自由がある」（野中広務官房長官）というものでした。

にもかかわらず、文部科学省は、「入学式や卒業式などにおいては、その意義を踏まえ、国旗を掲揚するとともに、国歌を斉唱するよう指導するものとする」(「学習指導要領」)としています。これらを受けて、各地の教育委員会は、公立学校に国旗・国歌の指導や式典での起立・斉唱を徹底するよう求めています。こうした教育委員会による強制的な姿勢に対しては、憲法の保障する思想及び良心の自由に反するとの理由から、卒業式などで起立・斉唱を拒否する教職員もいます。そして、拒否した教職員が、教育委員会から職務命令違反として懲戒処分される事例が相次ぎました。東京都教育委員会では、2013年4月にも、入学式で国歌斉唱の際に起立しなかった都立学校の教職員3人を、懲戒処分にしています。

処分された教職員のなかには、裁判を起こす人もいます。しかし、最高裁判所で出されたこれまでの判決では、いずれも、起立・斉唱の職務命令は思想及び良心の自由に反するとはいえず、合憲と判断しています。一方で、減給や停職といった重い懲戒処分は慎重に考慮する必要があるとの判断も示して、教育委員会による安易な処分を戒めています。

教職員、教育委員会の双方には、判決内容を尊重した対応が求められます。同時に、子どもを指導する際には、国旗と国歌に対して多様な考え方があることを教える必要もあるでしょう。

Q 6-4

教科書検定とはどんな制度ですか？

A

文部科学大臣が、小学校・中学校・高等学校・中等教育学校・特別支援学校の教科書の内容について、適切なものかどうか審査することを、教科書検定といいます。

具体的には、国が定めた「学習指導要領」や「教科用図書検定基準」に基づき審査を行ないます。それに合格した教科書を検定教科書といい、学校現場で使用されています。

戦前は、各教科について、原則として、全国一律に同一の国定教科書を使用していました。戦後になると、民間の出版社が教科書を執筆・編集・出版するようになりました。しかしながら、同一の学年・教科であるにもかかわらず、教科書によって記載内容に大幅な違いがあるのは好ましくないため、前述の基準に基づいて審査を行なう教科書検定の仕組みが採用されたのです。

この教科書検定をめぐっては、憲法で保障する表現の自由や学問の自由を侵害するのではないかなどとして、過去に裁判が起こされています。家永教科書裁判です。この裁判は、東京教育大学教授だった家永三郎が、自著の高校用日本史教科書の検定不合格を不服として、1965年以降、三次にわたって提訴したものです。1993年の最高裁判決では、一般の書籍として出版することが可能であることなどを理由として、教科書検定は検閲には当たらず表現の自由を侵害するものではないと判断されました。

海外に目を向けてみると、アメリカやヨーロッパの国々では教科書検定を採用しない傾向があります。一方で、日本や韓国、中国などアジアの多くの国々では、教科書検定を採用しています。ここには、その国がどういう考え方で教育課程（カリキュラム）を編成するかが、大きく影響しています。日本のように、「学習指導要領」に基づいて、原則的に、全国一律の教育課程を実施している国では、それに合致した教科書が必要となるのです。

最近の検定では、沖縄戦の集団自決における日本軍の関与や、尖閣諸島などの領土に関する記述について、政府の方針に反する内容を認めない判断が示され、問題になりました。教科書検定は、あくまでもその内容の平準化を図るために行なうものであって、国による歴史認識や方針の押し付けであってはなりません。

なお、例外として、特別支援学校のうち、知的障がいの子どもを教育する場合などには、検定教科書を使用しないことが認められています。また高等学校でも、職業系の専門教科で検定教科書が発行されていない場合などには、検定教科書を使用しないことが認められています。

Q
6-5

歴史教育がさまざまな議論の対象になるのはなぜですか？

A

歴史は新史料の発見によって定説が大きく変わったり、近現代の歴史では立場によって見方が正反対ともいえるほど違うためです。

日本では、歴史教育が小学校・中学校の社会科や高等学校の地理歴史科の一分野として位置づけられています。

歴史は不変のものではありません。新たな史料が発見されたことで、1つの歴史的な事象に対する解釈や価値づけが大きく変わることがあるからです。例えば、一昔前の歴史教育では、鎌倉幕府の成立は、源頼朝が征夷大将軍に任命された1192年であると教えてきました。「1192《いいくに》つくろう鎌倉幕府」という語呂合わせを記憶している人も多いのではないでしょうか。しかし、現在では、鎌倉幕府の成立は、源頼朝が守護・地頭を任命する権利を獲得した1185年へと変わっています。

また、1つの歴史的な事象をどう解釈するか、どう価値を判断するかが歴史学者によって異なる場合もあります。とくに、近現代の歴史の場合、1つの歴史的な事象をめぐって、さまざまな解釈が入り乱れ、議論が激しくなります。従軍慰安婦や南京大虐殺をめぐる議論などは、しばしばマスメディアでも取り上げられます。こうした議論は、歴史教育にも直結する問題だけに、学問の場だけにとどまらず、拡大、紛糾します。

日本の学校教育では、検定教科書が用いられています。歴史教育も同様です。文部科学省、すなわち国がお墨付きを与えた歴史教科書に書かれている内容は、歴史学である程度定説となっている解釈を採用していますが、それでも、ある立場の人から見ると、受け入れられないと判断されることがあります（例えば、「内容が事実をふまえていない」「自虐的だ」など）。政治家が特定の歴史教科書を批判したり、また逆に擁護したりして、近隣諸国の政府から抗議を受けることがあるのは、このためです。こうしたことは、他の教科ではあり得ないことですが、歴史教育とその教科書では起こります。

さらに、国によっては、愛国心の醸成や国民統合のために、歴史教育が政治的に利用されているという側面もあります。戦前の日本もそうでした。戦前の歴史教育では、国威発揚のために、神話があたかも史実であるかのように教えられていました。戦後は、こうした反省に立って、歴史学の成果を重視する歴史教育に変わりました。それでも、国の歴史を子どもたちに教えるという重責を担う歴史教育は、歴史学者はもちろん、政治家をはじめ多くの人々にとっても、関心の的であり続けています。

Q 6-6 道徳の教科化とはどういうことですか？

A 道徳を国語や社会と同じように教科の1つに位置づけることで、道徳教育の強化を図ろうとしています。

現在、安倍晋三内閣は、「道徳教育の充実に関する懇談会」を組織して、道徳の教科化に向けた検討を進めています。2013年3月26日の閣議後の記者会見で、下村博文文部科学大臣は、「場合によっては、学習指導要領の改訂（次回は2018年ごろの予定）よりも前倒しで行なう」と積極的に教科化を進める意向を示しています。その背景には、子どもの規範意識を高めて、いじめを防ごうとするとするねらいがあります。

ところで、小学校や中学校の時間割には、現在でも、「道徳」の時間があります。ということは、道徳はすでに教科として位置づけられているのではないかと思われるかもしれません。しかし、道徳は教科ではないのです。小学校や中学校の教育課程（カリキュラム）には、各教科のほかに、特別活動、総合的な学習の時間、そして道徳が設定されています。つまり道徳は、教育課程の領域のひとつではありますが、教科ではありません。

この道徳を、国語や社会などのように教科として位置づけるとなると、国が定めた学習指導要領による指導内容のしばりがきつくなり、検定教科書をもとに指導することになるかもしれません。戦前の「修身」のように、国が考える思想・価値観を押し付ける手段とならないかという不安があります。そもそも、「忠君愛国」のイデオロギーを注入するための教科であった修身への反省に立って、戦後は道徳を教科化しなかったのです。なお、現在の道徳は、教科ではないので、副教材はあっても、検定教科書はありません。

また、教科になると、成績の評価・評定を行なう必要が出てきます。現在の道徳は、教科ではないので評価・評定は行なっていません。道徳が教科化されたとき、子どもの何を評価・評定するのでしょうか。はたして、道徳を評価・評定するための試験問題など、作成可能なのでしょうか。

じつは、2007年の第一次安倍政権のときにも、道徳の教科化が検討されました。しかし、この時には、中央教育審議会の議論のなかで教科化に慎重な意見が多く、見送られた経緯があります。道徳教育を充実すること自体に、多くの国民に異存はないものと思われます。しかしそれは、道徳の教科化でなければ実現し得ないものなのか、あるいは現在の領域としての道徳のままでも可能なのか、それぞれのメリット、デメリットを十分に議論・検討する必要があります。

Q
6-7

特別支援学校や学級があるのに、なぜ障がいのある子どもが通常学級にもいるのですか？

A

障がいのある子どもといっても、その教育ニーズは、一人ひとり異なるからです。現在の特別支援教育では、障がいのある子どものニーズに応じて、多様な教育の場での学校教育が行なわれています。通常学級も、そのひとつです。

日本における障がいのある子どもの学校教育は、２００７年に、従来の「特殊教育」から「特別支援教育」に転換されました。特殊教育では、子どもの障がいの種類と程度に応じて、原則として、盲学校・ろう学校・養護学校または特殊学級のいずれかに就学することになっていました。特別支援教育への転換後は、①従来の特殊教育で十分に対応しきれていなかった学習障がい、注意欠陥多動性障がい、高機能自閉症などの発達障がいの子どもにも積極的に対応する、②小学校・中学校の通常学級も、特別支援教育の場のひとつとして位置づける、③盲学校・ろう学校・養護学校を特別支援学校に一本化し、特殊学級も特別支援学級へと改称する、などの変更がなされました。つまり、これまでの特殊教育が、障がいのある子どもを特別な教育の場に「隔離」して教育しようとしていたのに対し、特別支援教育では、障がいのある子どものニーズに応じて通常学級も含む多様な場での教育を保障しようとしているのです。

1960年代に北欧諸国で登場した、障がいのある人ができるだけ普通の人々に近い社会生活を送れるようにしようというノーマライゼーションの理念は、今日では、日本を含む世界の多くの国々の福祉施策の基本となっています。この理念を実現するための方策として、教育の場面では、障がいのある子どもが可能な限り通常学級で教育を受けられるようにしようとする統合教育の実践が各国で行なわれてきました。90年代になると、これをさらに進めて、通常教育と特殊教育を統一した学校教育のシステムを構想して、そのシステムのなかで障がいのある子どものニーズに対応していこうとする考えや実践が出てきました。こうした国際的な動向をベースとして、特別支援教育への転換が行なわれました。

しかし、特別支援教育には課題もあります。例えば、障がいのある子どもが通常学級に就学しても、適切な指導や支援がなされないケースです。通常学級の担任教員が、特別支援教育に関する理解や指導スキルを十分に備えていなかったり、1学級40人近い子どもを1人の教員で指導しなければならないため、障がいのある子どもにきめ細やかな対応ができない、などの原因が考えられます。特別支援教育についての教員研修の充実、通常学級の少人数化、教員数の増員などが求められます。

Q
6-8

学校以外にも教育を担うところはあるのですか?

A **生涯教育という言葉を聞いたことがあると思います。最近では、学校のほかにも地域の公民館、民間事業者、NGOなどがさまざまな講座を開設するなど、生涯を通した学びの場が身近なところにたくさん作られ、盛んに活動しています。**

人は、学校教育卒業の時点で発達が完成するわけではなく、人生のエンディングを迎える時まで発達し続けるとされています。この発達を支えるのが教育=学びです。ですから、生活の質(クオリティ・オブ・ライフ)を維持・向上させ、充実した人生をおくるためには、絶えず学び続けることが大切になります。つまり、教育は、年齢を問わずに生涯にわたって必要なのです。これが生涯教育という考え方です。生涯教育は、家庭教育、学校教育、社会教育という三つの教育機能によって支えられています。

人が生まれて最初に出合う教育の場が家庭です。基本的には、親が子どもに家庭で行なう教育が家庭教育といわれます。しかし、子どもを産み親になったからといって、その親すべてが教育力を備えているとは限りません。また、核家族化によって周囲のサポートが受けにくい現代社会にあって、暴力的なしつけや虐待の問題が顕在化してきています。今日では、家庭の教育力向上に向けて、行政やＮＰＯなどが相談窓口を設けたり、研修会を開催するなどの取り組みを行なっています。親が子どもから学ぶことも多く、家庭は親と子どもの相互教育の場ともなっています。

学校は、家庭とは異なり、集団教育を前提に、計画的・組織的に教育を行ないます。日本には、幼稚園から大学・大学院に至るまでさまざまな学校があります。このうち、小学校と中学校が義務教育とされています。高等学校への進学率も95％を超えていて、事実上、義務教育に近い実態となっています。幼稚園と小学校では、各学年とも同一年齢の子どもが学んでいるケースがほとんどです。しかし、中学校以降になると、夜間中学校、定時制や通信制の高等学校、二部や通信制の大学・大学院を中心に、幅広い年齢の人々が学んでいます。生涯教育の考え方の浸透とともに、働きながらあるいは定年退職後にこれらの学校に入学する人も増えています。

社会教育は、学校教育以外の教育活動のことを指し、家庭教育をここに含める考え方もあります。社会教育というと、一般には、成人の教育というイメージが強いですが、日本では、学校以外で行なわれる青少年教育も含む概念として捉えられています。公的な社会教育施設として、公民館、図書館、博物館があります。大学やＮＧＯなどが市民に参加を呼びかけて行なう公開講座や講演会なども、社会教育の活動といえます。また、民間の教育事業（カルチャーセンター、スポーツクラブ、塾・予備校など）も、広く捉えれば社会教育の一部として考えることができます。社会教育は、幅広い年齢の人々の多様な興味、関心に応え、生涯教育を支えています。

生涯教育が盛んになってもなお、心身の障がいや低所得などの理由から、学びたくても学べない人は少なくありません。すべての人々が学びたいときに学べる生涯教育社会の実現のためには、家庭教育、学校教育、社会教育の一層の充実が欠かせません。そのための条件や環境の整備に国や地方公共団体は積極的に取り組む必要があります。

7

政治と議会

Q 7-1 政治活動と議会活動はどのように違うのですか？

A 政治上の目的をもって行なわれる活動を一般的に政治活動といい、これは広く市民が行なうことができます。一方で、議会活動とは、国や地方の議員となった者が、議会の本会議や委員会で議論や議決を行なったり、議会内部の運営を行なうことをいいます。

政治活動とは、政治上の目的をもって行なわれる一切の活動のことをいいます。憲法は21条で表現の自由を定めており、市民は自由に政治活動を行なうことができるのが原則です。

これに対して議会活動とは、当選して議員になった者が、議会の本会議や委員会に出席して、議案を審議し、議決を行なう、あるいは議会の運営のためのさまざまな活動を行なうといったように、議員が職務として議会の中で行なう活動です。その場合、議員は有権者である国民・住民を代表し、合議によって妥当な結論を導き出すことが求められます。また、自らのとった行動については、説明責任が生じます。これらは、議会人としての活動の責任であるといえるでしょう。

近年では、政治家はいずれかの政党に属することが一般的で、党員としての政治活動と、議員としての議会活動の調整も問題になります。議員になれば、党議拘束というかたちで、自らの意思に反した投票行動を強いられることもありえます。そうしたパワーゲームとしての政治活動が、議会活動を歪める結果を生んでしまったのでは、議会制民主主義が十分に成熟しているとはいいがたいことになります。

また、個人が行なう政治活動とは別に、政党が行なう政治活動が存在します。日本では、政党が行なう政治活動に特別な地位を与えており、たとえば、選挙期間中に政党だけは広告をテレビや新聞に制限なく出すことが許されています。２０１３年に解禁になったインターネットの利用についても、政党は候補者本人とともに、電子メールの発信などが特別に許されています。また、憲法改正のための国民投票期間中も、政党だけは国費で自由に広告を行なうことが認められています。

Q 7-2
選挙での投票以外に市民が政治に参加するにはどんな方法がありますか?

A 選挙で投票する、あるいは立候補する以外にも、住民投票条例などの形で、直接参加の機会を認める自治体が増えています。また、国会や地方議会に請願する権利や、署名活動なども政治参加の一つの方法です。

衆議院議員の任期は4年間ですが、任期の途中で解散があります。戦後は平均して約2年半に一度、解散が行なわれていますので、実質的な衆議院議員の任期は約2年半ということになります。参議院議員の任期は6年ですが、3年ごとにその半数が改選されます。ほかにも都道府県の知事や市区町村の首長、都道府県の議員、市区町村の議員を選ぶ選挙など、選挙権を行使して政治に参加するさまざまな機会があります。一定の年齢に達していれば、選挙で投票するだけではなく、被選挙権を行使して、自分自身が候補者として選挙に参加することも可能です。

また、重要な政治上の課題について、国民投票や住民投票のような形で、直接多数決の機会を設けるべきではないか、という議論がなされています。こうした取り組みは、地方政治で先行して実施されています。地方自治体の重要な課題について、住民投票で決める条例を制定し、実施された住民投票の結果に基づいて政策が決定されるというもので、すでに原発設置の是非などについて投票が行なわれています（住民投票条例）。

住民投票条例が制定され始めたころは、特別な措置として住民投票条例を制定することが多かったのですが、近頃は地方自治体の重大問題に対して、常に住民投票を行なえるよう条例を制定する自治体が現われています。また最近では、自治基本条例の中に住民投票の規定を設ける自治体も増えています。もっとも、住民投票の結果については、多くの条例では「首長、議会は住民投票の結果を最大限尊重する」と定めているに留まり、法的な意味での拘束力は限定的です。しかし、住民の意思ですから、相応に尊重されるべきものといえます。

そのほか、直接請求や住民監査、首長のリコールなど、地方自治では住民が直接、住民の意思を反映させる制度がいろいろ用意されています。まさに、地方自治は「民主主義の学校」といわれるゆえんでもあります。なお、住民投票などは公職選挙法の適用を受けませんから、投票資格の範囲も自治体の自由な裁量で定めることができます。地域で暮らす外国人に投票を認めたり、未成年に投票資格を与える条例もあります。

もう一つ、重要な政治参加の手段が、憲法でも保障されている「請願権」です。具体的には、国や地方自治体に対する要望をまとめて文書で提出したり、署名活動というかたちで、国民や住民の意思を議会に伝えることができます。

また、行政機関が実施するパブリックコメント（意見聴取）やヒアリング（公聴会）に対して意見を述べることも、公的機関の意思決定過程へのコミットという意味で、政治参加の一つといえるでしょう。

もっとも、ここで紹介したさまざまな住民参加の方法が十分に機能しているかといえば、必ずしもそうとはいい切れません。また、選挙権や被選挙権を行使したり、住民投票に参加したりすることだけが、「政治参加」ではありません。むしろ日ごろから社会のさまざまな課題について語り合い、自分の意見を発言していくことこそが、民主主義の基本であって、まさに本来の意味での「政治参加」であるといえるかもしれません。

Q 7-3

一票の格差問題とは何ですか？

A

有権者の投票する一票の価値が、住んでいる地域によって異なるという問題です。国民主権や法の下の平等に反するのではないか、と批判されています。

2012年に行なわれた衆議院総選挙において、最も一票の価値が低い千葉県第4区（船橋市）と、最も一票の価値が高い高知県第3区（土佐市など）では、2・43倍の格差がありました。これは、千葉県第4区の有権者は、高知県第3区の有権者と比べて、0・41票の投票権しか与えられていない、ということを意味します。民主主義国家は多数決で物事を決するのが普通ですが、一票の価値に、地域によってこれだけばらつきがあっては、多数決ではなく、少数決をしているにすぎない、といわざるを得ません。

憲法では、国民は法の下に平等であると定められています。ここで平等という意味は、形式的な意味で誰もが一票を投票できる、ということに留まらず、実質的な意味での、投票価値の平等をも意味しています。そうした観点からすれば、現在の選挙のあり方は大きな問題をはらんでいることになります。また、国民主権の観点からも、この点は、たびたび裁判で争われてきました。

２０１３年3月、一票の価値が不平等なのは憲法違反であるとして、広島高裁で戦後初めての選挙無効判決が出されました。これまでにも最高裁判所は、一票の格差が是正されない状態での選挙は違憲である、との判断を示すことがありましたが、無効である、とまで踏み込んだ例はありませんでした。この裁判は現在、最高裁に移って続行中で、最高裁が無効判断まで踏み込むかどうかが注目されます。

政治家の中には、選挙制度をどのように規定するかは、まさに政治の問題であって、司法がその善し悪しを判断することは越権行為であるとの主張も見られます。しかし、一票の格差は国民の大切な選挙権が侵害されているといった意味で、重大な人権侵害の問題であって、裁判所が憲法に即して国会の怠慢（不作為）を厳しく批判することは、まさに当然であるといえるでしょう。

なお、衆議院と同じ理屈で、参議院も格差を是正すべきかどうかについては、議論が分かれるところです。現在は衆参ともに似たような性格で、似たような選挙制度に基づき議員が選ばれているために、同じように一票の格差が問題になっていますが、参議院は人口比ではなく、地域代表の意味合いが濃いのだ、という理屈も考えられます。これはまさに参議院をどのように位置づけるかといった問題であるともいえるでしょう。

Q 7-4

政治資金とはどのようなお金のことですか？

A

政治資金とは、個人、政治団体、政党などが、それぞれの政治目的を達成するために活動する上で必要とする資金のことです。

一般的な用語としての政治資金とは、政治に用いる資金の総称です。

日本では、政治に対する透明性・健全性を確保する目的で、政治資金規正法が定められており、その中では「個人、政治団体、政党などが、それぞれの政治目的を達成するために、その活動上必要とする資金」のことを、政治資金と定めています。そして、政治に対する透明性・健全性を確保するために、政治資金の収支の公開と授受の規制を定めています。なお、政治資金の流れ（フロー）をはっきりさせるのが政治資金規正法であるのに対し、ストックを示させるために定められたものとして政治家資産公開法があります。

政治家や政党は、政治資金規正法上の政治団体として、総務省に届出をしなければなりません。政治団体として、収入・支出と資産などを記載した収支報告書を提出し、提出を受けた総務省はこれを公開することになっています。このように、政治資金規正法は政治の自浄能力・透明性・公開性を担保することを目的とした制度ではありますが、残念ながら穴だらけで、国民監視の目が届きにくいものになっています。

これに関連して、政治献金という言葉もあります。これは、政治家や政党に資金を提供することで、政治資金規正法の上では寄付とみなされます。政治献金には4つの種類があります。個人からの寄付による個人献金、企業からの寄付による企業献金、政党からの助成であって一般に政治団体を経由する団体献金、そして選挙が近づくと開かれることが多い資金集めのためのパーティによる献金です。

中でも企業献金は「見返りを求めれば賄賂であり、見返りを求めなければ背任である」として、批判されています。日本では個人が政治献金を行なう文化が根付いていないこともあり、企業献金にも一定の必要性があるとして、擁護する意見も聞かれますが、企業献金は望ましくない、との評価が一般的です。少なくとも、企業は献金先を明らかにすることが、単に株主に対する開示義務であるだけでなく、社会的責任であるともいえるでしょう。

政治と金の問題は、古くて新しいテーマです。不正に提供された資金を用いて行なわれる政治は、不正に歪められたものになってしまいます。不正が行なわれにくい仕組み作りが求められています。

Q
7-5

選挙運動でのインターネット利用が解禁されましたが、何がどうかわったのですか

A **2013年夏の参議院選挙から、ホームページやSNSによる選挙運動が全面的に解禁されることになりました。一方で、電子メールの利用は政党や候補者に限って認められ、一般の市民には認められません。また、誹謗中傷やなりすまし対策などの罰則も定められました。**

インターネット選挙が解禁された、と話題です。もっとも、インターネット選挙法、という法律ができたわけではありません。従来からの公職選挙法が改正され、これまでは「文書図画の頒布」にあたるとして違法とされてきた、インターネットを利用した選挙運動が解禁されたのです。

具体的には、候補者や政党だけでなくその支援者や一般市民が、ホームページやSNS(Facebook、ツイッターなど)を用いて特定の候補への投票の呼びかけを行なうことが認められるようになりました。電子メールを用いた特定候補への投票の呼びかけも、候補者本人が行なう限りで解禁とされました。

インターネット選挙の解禁に対する批判もあります。特定の候補者に対するデマや誹謗中傷が横行し、候補者へのなりすましなども起こるのではないか、との指摘がなされています。こうした指摘に対して改正法は、候補者のホームページにはメールアドレスなどの連絡先の表示を義務づけるなどとし、違反した場合の罰則を定めていますが、どれだけ効果的な対策となっているかは疑問です。

もともと、日本の選挙制度では、候補者の表現活動を厳しく制限してきました。それは、資金力の多寡によって選挙活動が左右されるのはよくない、との考え方によるものです。確かにインターネットは、アクセスもきわめて容易で、安価に情報発信が可能なメディアです。しかし、それを大々的に活用しようとした場合、効果的なコンテンツの作成や発信には多額の費用がかかることが予想されます。そうなると、結局はお金を持っている候補者や政党に有利になるのではないか、との指摘もなされています。

もう一つ問題があります。今回のネット選挙解禁によって、文書（印刷物）は非常に厳しい規制が残ったままで、ネット上では自由な表現活動が許されることになりました。その結果、メールで受け取った内容をプリントアウトして配ると違法、といった事態が生じることにもなり、法律の仕組みに齟齬《そご》が生じてしまっています。こうした混乱にどのように折り合いをつけるのか、しばらくは試行錯誤が続きそうです。

Q 7-6 国会議員は国会でどのような活動をしているのですか？

A 国会での法律を作るための審議に参加することができます。一定数の議員の賛同が得られれば、自分たちで作った法律案を発議することもできます。また単独でも、質問主意書を活用して内閣から公式に情報を取得することができます。

日本の国会は衆議院と参議院で構成されますが、そのメンバーとして立法に携わる国民の代表が国会議員です。衆議院議員の定数は480人、参議院議員の定数は242人で、あわせて722人の国会議員が選ばれます。通例では、毎年1月頃に通常国会が召集され、国会議員による論戦がスタートします。内閣が提出する法案、議員立法で提出された法案、予算案、条約などが審議されます。

すべての法案や予算案は、最終的には本会議と呼ばれる全員参加の会議を通じて議決され、成立するかどうかが決まります。しかし審議を充実させるため、国会は27の委員会を設けて、法律案や予算案をそれぞれの委員会に付託し、委員会で賛成多数となったものに限り、本会議での審議に進むことになります（委員会主義）。国会議員はそれぞれ二つから三つの委員会に所属し、委員会での審議を通じて立法の過程に関わります。また、本会議に出席して、すべての法律案、予算案の成立に関わることになります。一定の条件を満たせば、自らが法案を提出する（発議）することも可能です。

委員会や本会議での質疑はすべて議事録に残され、立法過程の議論の経緯として重要な資料になります。

こうした直接的な立法活動以外にも、国会議員になることによって可能となることがあります。それが国政調査権の行使です。その一例として、質問主意書があります。これは、国政一般について質問することができるもので、賛同議員数の制約もありません。議長に提出され承認を受けた質問主意書は内閣に送られ、内閣は7日間以内に文書によって答弁する必要があります。期限内に答弁できない場合には、その理由と答弁できる期限を通知することになっていますが、ほとんどの質問主意書について、7日間以内に回答されています。回答する側の省庁からは、時間的な制限が厳格であることから、過度な質問主意書の提出は行政実務を阻害するとの指摘もなされています。しかし、質問主意書によって新しい事実が明らかになることも多く、質問時間が限られる野党議員、特に少数党の議員が行政に対するチェック機能を果たしていく上では、重要な政治手段のひとつといえます。

Q 7-7

国会議員がどのような活動をしているか、どうしたら知ることができますか?

A **議会活動については国会の議事録などを通じて知ることができます。また、各議員のネット上での情報発信などで活動の一端を確認することはできますが、何を考えどのような行動をとっているのか、十分な情報公開がなされているとはいえないのが実情です。**

国会議員の議院での活動については、衆議院、参議院のホームページで知ることができます。審議中や審議を終えた議案については、件名や審議状況、経過情報、本文情報などが掲載されており、個別の議員の名前で検索を行なうこともできます。本会議や委員会の質疑内容はすべて官報を通じ議事録として公開されていますし、直接、議会に足を運んで傍聴することも可能です。これらは、憲法や国会法によって国民の権利として保障されているものです。過去のものについては、国立国会図書館がインターネット上に公開している国会会議録検索システムによって詳細な検索を行なうことができます。

こうした制度からも分かるように、現行の仕組みは議会の会議公開が中心で、実際に政策が決まるまでの意思決定過程については十分とはいえません。政策が決まっていく中では、各政党の政策調査会などの部門会議や、俗に族議員と呼ばれる、政策分野ごとの有力者の役割を無視することができないことが多いのですが、そうした過程はほとんどがブラックボックスで、新聞やテレビなどの報道に頼らざるを得ない状況です。最近では、国会の設置した福島原発事故調査委員会が注目されましたが、その記録も、いまだに非公開のままです。

最近では、議員によっては積極的に自身の政治活動を、ネット上などで発信しています。しかし、多くの場合、その議員にとって有利なものしか発信されません。そもそも個人の発信の努力に頼るのではなく、国民の側の権利として、政策形成の過程に関する客観的な情報を入手できるような制度が整備されることが望まれます。

なお、国会議員は任期中、永田町の国会の裏側に立つ議員会館という建物の中に、個室を無償で与えられています。国会の本館の中に、議員面談所もあります。国会開会中は、永田町で会合の重なる火曜から金曜までは議員会館で執務し、週末を挟んで自分の選挙区である地元の事務所に移動して執務するというのが一般的です。これを俗に「金帰火来(きんきからい)」といいます。議員会館や地元の事務所の情報は、議員のホームページなどで公開されているほか、国会議員要覧などの刊行物にも記載されています。

Q 7-8 内閣提出法案と議員提出法案にはどのような違いがあるのですか？

A 行政庁の中でお膳立てをしてから国会に提出するのが内閣提出法案（閣法）で、国会議員自身が立法の最初から関わるのが議員提出法案（議員立法）です。

私たちが暮らしていく上でのルールを定めている法律、その法律を作っているのが立法府である国会です。では、法律になる前の法律案をどこで作っているのかは、意外と知られていません。

法律案も当然国会で作っているのではないか、と思われそうですが、実際にはこの国で作られる法律案のほとんどは行政府で作られ、内閣が提出した法律案として国会の審議に付されます。これを内閣提出法案といいます。各法律案の担当省庁が素案を作った上で、内閣法制局がチェックして、法律案が作られるのです。略して閣法《かくほう》とも呼ばれます。

一方で、立法府である国会において、国会議員自身が主導して法律案が作られることがあります。これを、議員提出法案といいます。議員自身が作るので、議員立法とも呼ばれます。衆議院、参議院にそれぞれ法制局が設置されており、議員の指示の下、法制局のスタッフが法律案を作成します。衆議院で作られた法案は衆法《しゅうほう》、参議院で作られた法案は参《さん》法《ぽう》と呼ばれます。ただし、議員一人で議員立法ができるわけではありません。予算を伴う法律案については衆議院で50人、参議院で20人、予算を伴わない法律案についても衆議院で20人、参議院で10人の賛同が必要と、一定の制約があります。なお、閣法として準備しながら議員立法の形で提出されたり、逆に議員立法が最終的に閣法として提出されることもあるので注意が必要です。

一般に、閣法は行政府において入念に準備がなされ、予算や執行上の手当などもなされた上で提出されることが多いのに対して、議員立法の場合には必ずしもそのような準備が十分とは限りません。慣例により、閣法を先に審議することとなっているなど、議員立法はどうしても下に見られがちな傾向があります。

しかし、議員立法だからこそ成立させることができた法律が、いくつもあることも事実です。議員立法で成立した主な法律としては、貸金業法、特定非営利活動促進法（ＮＰＯ法）、ストーカー規制法、自殺対策基本法、原発事故子ども・被災者支援法などがあります。いずれも新しい価値観を提示するものであるために、政府からは提出しにくい分野の立法であるといえます。

Q 7-9

政党とは何ですか？

A **政党とは、共通の政治目的を持つ者によって組織される団体のことをいいます。法律で規定されているものではありませんが、選挙制度や政党助成法では、一定の規模を超える政党のみを対象に、制度設計が行なわれています。**

憲法では結社の自由（21条1項）が保障されています。共通の政治目的を持つ者が集まって組織する団体が政党です。日本には「政党法」といった法律はありませんし、政党を名乗るための法律上の要件が定められているわけでもありません。

しかし議会政治の歴史の中で、いずれの議会においても、政党の存在は大きな役割を果たしてきました。日本でも、大多数の議員は何かしらの政党に所属して、政治活動を行なうのが一般的です。

政党を名乗るのに法律上の要件はありませんが、日本の選挙制度は、比例代表制のように、政党の存在を前提としています。また、公職選挙法や政党助成法においては、一定の規模以上の政党を、その法律上の「政党」と認めています。具体的には、公職選挙法上の政党とは、「政治団体のうち、所属する国会議員（衆議院議員又は参議院議員）を5人以上有するものであるか、近い国政選挙で全国を通して2％以上の得票（選挙区・比例代表区いずれか）を得たもの」のことをいいます。

ところで、「与党」「野党」という言葉をよく聞きますが、どのような意味なのでしょうか。「与党」とは政権を構成して行政を担当する政党のことをいいます。行政府を「与《あずか》る」から与党といいます。衆議院の多数を占める党派が、行政府のトップである内閣総理大臣を指名することで、行政府に対して影響力を行使し、同時に責任を負います（議院内閣制）。

これに対し、国会における「与党」以外の党派のことを、「政権から離れた在野の政党」という意味で、「野党」と呼びます。

与党は内閣総理大臣を出すことで、行政府をコントロールします。これに対して野党の役割は、政府や政権を構成する与党に対して批判的な目で監視を行ない、その権力行使を牽制することです。与党と野党はいつもお互いに反対し合っているように見えるかもしれません。もっとも、あらゆる局面で野党が与党の方針に反対だけをしているのかというと、そんなことはありません。一般的に、与野党で協議を重ねながら、一定の条件や修正などを加えて成立させる法律や議案も数多く存在します。最近では、衆議院と参議院の多数派が異なるという、いわゆる「ねじれ国会」の下で、テーマによっては与野党の枠を超えた

「超党派」で立法に取り組む例も増えてきています。

戦後長く続いてきたいわゆる55年体制の下では、政権与党を自民党が長期にわたって独占し、社会党を中心とする野党がこれに対抗する構図が続いてきました。90年代以降は、いくつかの政党が連立を組んで与党となる時代を経て、自由民主党と民主党の二大政党の時代がきた、といわれたこともありました。もっとも、少数者の意見が反映されにくくなる、などの根強い批判もあり、二大政党制が日本に根付くかどうかは、なお未知数といえそうです。

Q 7-10

参議院はいらないといわれることがありますが、なぜですか？

A 参議院が衆議院と同じようなことをするだけならば、参議院を廃止して一院制にした方が効率的ではないか、という主張があるからです。一方で、参議院にも大切な意義がある、との根強い意見も聞かれます。

日本の国会は衆議院と参議院の二院制（両院制）をとっています。もともと、大日本帝国憲法の成立に伴って国会（帝国議会）が開設された当初は、いまの参議院は貴族院という名前でした。貴族院は、その名の通り皇族や華族（かつての藩主など）や、有識者や功労者からなる「勅撰議員」によって構成され、一般の国民による選挙はありませんでした。一般の国民によって選ばれる衆議院議員とは、全く違う機能を果たしていたということができます。

日本国憲法の時代となり、貴族制度は廃止され、貴族院は参議院と名前を変えました。解散がなく、被選挙権を取得できる年齢が30歳と高めに定められ、3年ごとに半数が改選されるなどの独自性は定められたものの、一般の国民による選挙で議員が選ばれるという点では、衆議院と変わらなくなりました。

そこでいわれるようになったのが、「参議院は衆議院のカーボンコピーではないか」という批判です。衆議院でも参議院でも同じような政党が同じような議論を繰り返すだけなら、二度手間となるだけで参議院は不要である、という議論がなされました。こうした議論は、戦後長い間続いてきた自民党を中心とする、いわゆる55年体制の下で、さかんに主張されました。

1993年の総選挙で自民党が野党に転落した後、衆議院と参議院の多数派が入れ替わる、いわゆる「ねじれ国会」の状況が常態化するようになりました。「ねじれ国会」の下では、衆議院で議決された法律案も、参議院で否決されてしまえば、一歩も先に進まなくなります。今度は国会の機能不全という観点から、参議院不要論が唱えられるようになりました。

もっとも、参議院が反対した場合にも、内閣総理大臣の指名や予算の議決、条約の承認については、衆議院の議決を優越させるという規定が憲法に定められており、また、参議院が否決した法律案も、衆議院議員の3分の2の賛成で再可決すれば成立する、という規定が定められています。また、衆議院と参議院で議決が異なったときに、両院で協議をする仕組みも定められており、必ずしも国会の機能不全という批判は妥当しません。具体的には、衆参両院でそれぞれ10名の議員を選び、両院協議会という協議の場を設置して、意見の一致を図ります。実際に両院協議会での成案を得て、法律の成立がなされた例としては、衆議院議員総選挙における小選挙区制度を導入した1994年の政治改革4法案が挙げられます。

参議院は伝統的に「良識の府」と呼ばれており、衆議院の行き過ぎを抑える役割を期待されてきました。

世界的に見ても、二院制（両院制）を取る国が多く、特に主要先進国のほとんどは二院制（両院制）です。日本の国会は、衆議院の1回、参議院の2回（半数ずつ改選）と、常に3回の異なる時点での選挙で選ばれた議員により構成されています。そのことが、多様な民意を反映して成熟した国家運営を可能にしてきたと評価できるかもしれません。

Q
7-11

選挙権はどんな場合に制限されますか？

A **日本では、日本国籍以外の住民に選挙権を与えていません。また最近まで、外国に住んでいる日本人や、障がいがあったりして投票所に行けなかったり、投票用紙に自分で書き込むことができない人にも、投票を認めてきませんでした。なお、一定の刑事犯罪を行なった場合には、一定期間選挙権を失うことが定められています。**

日本の国民で満20歳以上の者であれば、だれでも選挙権を有しています。衆議院議員、参議院議員、都道府県や市区町村の長と、議員の選挙で投票をすることができます。一方、外国人はどんなに長く日本に住んでいても、税金を納めていても、選挙権は認められていません。なお、憲法改正については18歳以上に投票権が認められる方向で議論がされています。

もっとも、満20歳以上の日本人であっても、いくつかの場合には選挙権が認められていません。禁錮以上の刑に処せられた者や、議員などの公職にある間に収賄などの犯罪によって有罪となった者、公職選挙法に違反して有罪となった者は、一定の期間、選挙権を認められません。

関連して、「自己破産をした場合にも選挙権が失われる」と誤解されがちですが、これは誤りです。自己破産は選挙権に影響を及ぼしません。

他にも選挙権が制限されるケースがあります。例えば成年被後見人です。毎年2万件を超す成年被後見人が裁判所によって認められています。しかし、成年被後見人については、これまでの法律では、選挙権が認められてきませんでした。これに対しては、成年後見制度はあくまで被後見人の保護のために、その収入・財産・契約を後見人が管理することが目的であって、選挙権まで制限するのは憲法違反であるとする裁判が提起され、裁判所はこれを認めています。これを受けて国会は公選法を改正し、13年夏の参院選から投票が認められることになりました。

また、選挙権自体は有していても、その行使が制限されることもあります。選挙権を行使するためには、市町村の選挙管理委員会が作成する選挙人名簿に名前が掲載される必要があるのですが、この名簿に掲載されるには、引き続き三カ月以上その市町村の住民基本台帳に記録されている必要があるとされています。帰化をした日本人が、ずっと同じ住所に住んでいたにもかかわらず、この三カ月要件を理由に投票できなかったことは違憲であるとして訴えた裁判も、最高裁判所で審理されています。

かつて日本国外に住む日本人（在外邦人）は、投票をすることができませんでした。これが争われた裁判で最高裁は、「国民の選挙権又はその行使を制限することは原則として許されない」とし、その後は国外に住む日本人も、在外選挙人名簿に登録することで、選挙権を行使することができるようになりました。投票所に行くことができない障がい者が、在宅で郵便によって投票する制度が設けられていないことが争われた裁判でも、最高裁は国の立法不作為を認め、その後、郵便投票の制度が整備されています。

選挙権は民主主義の根幹にある大切な権利の一つです。可能な限り選挙権の行使が可能となるような、制度の整備がなされることが必要であるといえます。

Q 7-12 なぜ、情報公開は大切なのですか？

A 憲法は国民主権をうたっており、それを具体化するためには、主権者として判断し、行動するための基礎となる公的情報の公開が不可欠だからです。

国民主権は、国政のあり方を最終的に決定するのは国民であるという考え方です。何も知らずに決定だけすることはできませんし、決定したことが正しく実行されているかが監視できなければ、決定に対する責任も持てません。主権者として、国政に参加し監視する手段がなければ、国民主権が実質性を持っているとはいえないのです。その重要な手段の一つが、情報公開であり、知る権利の保障です。

国政で何が行なわれているのかの情報は、もっぱら行政機関が持っています。主権者に対してそれらの情報を積極的に公開するのが政府の責任であり、国政のかたちの本来のあり方ですが、実際には情報を独占することで行政が主権者のコントロールを超えて肥大化し、力を持つことになりました。こうした中では、判断材料となる情報は主権者が望むものというよりは、政府が与えたい情報となります。この段階は、情報公開ではなく情報統制ともいうべきで、政府は主権者に対する責任を果たしているとはいえない状態です。

これを打開するために制定されたのが、情報公開法です。だれでも政府に対して情報の公開を求める権利を保障したもので、主権者である私たちは、政府が与えたい情報を受け取る消極的な存在から、知りたい情報の公開を求める権利を行使する積極的な存在となりました。具体的には、開示請求権が創設され、それを行使する手続が定められ、政府はそれに応じることが義務付けられました。例外規定によってすべての情報が公開されるわけではありませんが、情報公開法ができたことで非公開決定を法的に争うことができ、政府の決定を覆して情報公開されることもあります。

一方で、非公開範囲が広すぎることや、請求対象となる情報の範囲が不十分であるなど、制度上の問題・課題はあります。中でも議論になるのは、情報公開法が制度目的で知る権利をきちんと保障していない点です。２０１１年に民主党政権下で国会に提出された改正情報公開法案では、知る権利の保障が規定されましたが国会解散で廃案になりました。

また、情報公開法はだれかが情報公開請求をしなければ情報が公開されない仕組みです。東日本大震災や福島第一原発事故のような緊急時には、請求手続をとっていては必要な情報が必要なタイミングで公開されません。そのため、政府自身が積極的に情報公開を行なうことも必要ですが、この場合は政府による情報の選択が行なわれるため、知りたい情報と知らせたい情報のミスマッチや、知らせたくない情報の排除（＝情報統制）が起こり得ます。これを防ぐためにも、情報公開法を活用した事後検証、記録の作成の徹底などの積み重ねが必要です。

もう一つの大きな問題が、公開されるべき文書を行政機関がきちんと作成し保管しようとしないという点です。２０１１年には公文書管理法が施行され、文書の作成が義務付けられましたが、東日本大震災に関連しても、会議の議事録を作っていなかったことが明らかになって問題になりました。また、公文書の管理が適切に行なわれていないため、紛失や保存期間の途中での廃棄などの例が指摘されています。どんなによい公開制度を作っても、そもそも文書が存在しないと何の意味もありません。その意味で、文書管理は情報公開の基盤となるものといえるでしょう。

なお、行政機関や独立行政法人、一部の特殊法人などについては、情報公開法が制定されていますが、国会と司法の情報公開法制は未整備です。国会は、衆参両院でそれぞれの規程による、裁判所は最高裁の通達による情報公開のルールがありますが、あくまでもサービスとしての情報公開の域を超えておらず、権利として保障はされていません。国会や司法の情報公開をどうするかは、議論が必要です。

Q 7-13

国家機密というのは何ですか？

A 外に漏れると国の統治に支障が生じる情報（特に国家の安全関係の情報）をいいます。

国家はさまざまな情報を持っていますが、その中には国の安全に関する情報などもあり、公になるとまずい情報があります。こうした情報を国家機密情報といいます。これを守るために、自衛隊活動に関する機密情報の指定手続と漏えいなどの場合の罰則を定めた自衛隊法と、日米安全保障の枠組みから米軍に関する機密情報の指定手続と罰則を定めた法律があります。ただし、どちらも部分的な対応であり、日本には国家機密全般を守る法律は存在しません。そのため、漏えい防止にあたっては、基本的には公務員の守秘義務によって対応することになっています。

公務員の守秘義務は、職務上知り得た情報を漏らしてはならず、これに違反した者には1年以下の懲役または50万円以下の罰金が科されることになっています。これは退職後も同様です。このとき、守秘義務違反となるのは、それが公に知られていない事実で、実質的に秘密としての保護に値するものである場合とされています。しかし、これだとあらかじめ何が問題になる情報なのかが示されていないため、国家機密を保護する制度を作るべきであると指摘されています。

そこで政府は、秘密保全制度を整備しようと準備しています。それによると、安全保障だけでなく、外交、治安維持分野を対象とする方向で進めているようです。新たな法律ができると、3分野については一定の要件のもとで秘密指定手続が行なわれ、これらの情報を漏えいしたり、漏えいすることをそそのかしたり、さらにはそれを何らかの方法で取得した人に対して罰則が適用されることになります。

もっとも、秘密保全制度は情報隠ぺいにつながるおそれがあるため、その法整備を進めるにあたっては慎重な対応が必要です。また、国家機密といっても、保護の必要性はピンからキリまであるので、保護が必要な程度に合わせて対応していくべきでしょう。

Q
7-14

原発の是非が何でこんなに問題になっているのですか？

A 原子力発電所が、きわめて政治的なものだからです。

福島第一原子力発電所の事故を受けて、原発の是非の議論が一層活発になっています。今回の事故で、多くの人が原発のリスクを改めて認識しました。その中で争点になっているのは、①原発の安全性、②エネルギー政策、③原発のコスト、の主に3点です。

商用の原子力発電所が日本で最初に営業運転を開始したのは1966年のことです。原子力の平和利用という国策のもとで原発の立地を促進するため、1974年にはいわゆる電源三法（電源開発促進税法、電源開発促進対策特別会計法、発電用施設周辺地域整備法）が成立しました。これらは、原発の立地を受け入れると地元自治体に交付金が入る仕組みです。原発という特定目的のために税を配分する仕組みを設けたことからも、政治的に推進されてきたことがわかります。

原発の設置は、安全であること、化石燃料に代わるエネルギー源として不可欠であること、他のエネルギーに比べても発電コストがかからないこと、などが主な根拠とされてきました。原発による発電量は、多いときで全体の発電量の30％を占めるまでに拡大し、火力発電に比べて二酸化炭素の排出量が少ないとされ、地球温暖化対策としてさらに利用を拡大する方針も打ち出されていました。

しかし、最も重視されなければならない安全対策がおろそかになっていたことが、くしくも福島第一原発事故で明らかになりました。原子力がきわめて専門性の高い分野であるため、専門家、原子炉を稼働させている電力会社、技術者、原子炉メーカー、規制官庁という、原子力推進で利害が一致する人々に規制が委ねられてきたことが、リスクの査定の甘さや情報公開、説明責任の欠如につながったとの批判がおこりました。原発は、政治的なイニシアティブとそれにより利益を得る利益共同体の中で推進され、意味づけられてきたといえます。

一方で、原発の安全性については以前から問題が指摘されてきました。原子炉のみならず使用済み核燃料の保管・処分の問題や、交付金のバラマキによって立地を進めることの弊害、原発に頼ったエネルギー政策の問題点なども指摘されてきましたが、一部の人たちの意見という程度にしか受け止められてこなかったところがあります。しかし、福島第一原発事故によってこれらが現実の問題として広く認識されるようになり、原発の安全性、エネルギー政策、原発のコストが盛んに議論されるようになりました。その中で課題になるのは、情報公開のあり方です。

　原発の安全性、エネルギー政策、原発のコストの判断は、原発を維持・再稼働を是認するか、あるいは脱原発に立つのかという政治的な立場に影響を受けます。それは、原発というリスクを受け入れそのためのコストを負担する社会を選択するのか、それともそうではない、電力の規制改革や再生可能エネルギーなどによるリスクとコストを引き受ける社会を選択するのか、という社会像の選択をするということでもあります。この考え方の違いはきわめて政治的であり、原発が問題となるゆえんです。だからこそ、政治的な判断ありきで情報公開がされるようなことではなく、判断の前提となる情報公開を徹底し、議論の透明化を図り、多様な人々の意見や参加の下で政策決定がなされることが求められています。

編集・執筆者　　＊末尾の［　］内は執筆担当の章

山田健太（やまだ けんた）
1959年生まれ。専修大学人文・ジャーナリズム学科教授。専門は言論法・ジャーナリズム論。日本ペンクラブ理事・言論表現委員会委員長などを務める。著書、『3・11とメディア―徹底検証　新聞・テレビ・WEBは何をどう伝えたか―』（トランスビュー）、『言論の自由』（ミネルヴァ書房）他多数。**［第5章］**

三木由希子（みき ゆきこ）
1972年生まれ。特定非営利活動法人情報公開クリアリングハウス理事長。公的機関の情報公開・個人情報保護に関する政策づくりや制度利用者の支援・調査研究などに携わり、国立市情報公開・個人情報保護審議会会長、内閣府行政透明化検討チーム構成員、内閣府消費者委員会個人情報保護専門調査会委員などを務めた。**［第3章、第7章の12、14］**

執筆者

池田雅子（いけだ まさこ）
1977年生まれ。弁護士（東京弁護士会所属）。一般民事事件のほか、メディアと表現の自由に関わる問題、英語を母国語とする人のための渉外家事事件などに携わる。日本弁護士連合会法曹養成対策室嘱託、早稲田大学臨床法学教育研究所研究員も務める。共著に『アメリカの法曹養成制度』（日弁連法曹養成対策室報）など。**［第2章］**

大林啓吾（おおばやし けいご）
1979年生まれ。千葉大学大学院専門法務研究科准教授。専門は憲法。著書に『アメリカ憲法と執行特権』（成文堂）、共編著に『アメリカ憲法の群像』（尚学社）、『憲法.COM』（成文堂）、『時事法学』（北樹出版）など。**［第1章、第7章の13］**

河﨑健一郎（かわさき けんいちろう）
1976年生まれ。早稲田リーガルコモンズ法律事務所代表弁護士。民間企業勤務、国会議員政策担当秘書などを経て現職。共編著に『3・11大震災―暮らしの再生と法律家の仕事―』（日本評論社）、『避難する権利、それぞれの選択』（岩波書店）、『国家と情報』（現代書館）など。**［第7章］**

野口武悟（のぐち たけのり）
1978年生まれ。専修大学文学部専任講師を経て、現在、専修大学文学部准教授・放送大学客員准教授。専門は教育学・図書館情報学。共編著に『図書館サービスの可能性―利用に障害のある人々へのサービス　その動向と分析―』（日外アソシエーツ）、『新訂 学校経営と学校図書館』（放送大学教育振興会）など。**［第6章］**

水上貴央（みずかみ たかひさ）
1976年生まれ。早稲田リーガルコモンズ法律事務所パートナー弁護士。銀行系シンクタンクを経て弁護士となる。国の事業仕分け人、UR契約監視委員などを歴任し、現在は青山学院大学法務研究科助教も務める。著書に『弁護士仕分け人が語る事業仕分けの方法論』（日本評論社）がある。**［第4章］**

高校生からわかる
政治のしくみと議員のしごと

二〇一三年六月二〇日　初版第一刷発行

編　者　山田健太
　　　　三木由希子

発行者　中嶋　廣

発行所　株式会社トランスビュー
東京都中央区日本橋浜町二‐一〇‐一
郵便番号一〇三‐〇〇〇七
電話〇三（三六六四）七三三四
URL http://www.transview.co.jp

装幀者　下野　剛

DTP＝美創　印刷・製本＝中央精版印刷

ISBN978-4-7987-0138-7　C0030